TÚ PUEDES
CREAR UNA
VIDA
excepcional

TÍTULOS DE TEMAS
RELACIONADOS DE HAY HOUSE

El asombroso poder de las emociones, Esther y Jerry Hicks

La edad de los milagros, Marianne Williamson

Gratitud, Louise L. Hay

Inspiración, Dr. Wayne W. Dyer

La Ley de Atracción, Esther y Jerry Hicks

Meditaciones para sanar tu vida, Louise L. Hay

¡El mundo te está esperando!, Louise L. Hay

Pedid que ya se os ha dado, Esther y Jerry Hicks

Pensamientos del corazón, Louise L. Hay

Los placeres secretos de la menopausia,
Christiane Northrup, M.D.

El poder está dentro de ti, Louise L. Hay

El poder de la intención, Dr. Wayne W. Dyer

Respuestas, Louise L. Hay

Sana tu cuerpo, Louise L. Hay

Sana tu cuerpo A–Z, Louise L. Hay

10 Secretos para conseguir el éxito y la paz interior,
Dr. Wayne W. Dyer

Usted puede sanar su vida, Louise L. Hay

La vida es corta: Póngase sus pantalones de fiesta,
Loretta LaRoche

Vivir en equilibrio, Dr. Wayne W. Dyer

¡Vivir! Reflexiones sobre nuestro viaje por la vida,
Louise L. Hay

(760) 431-7695 o (800) 654-5126
(760) 431-6948 (fax) o (800) 650-5115 (fax)

Hay House USA: **www.hayhouse.com**®

TÚ PUEDES CREAR UNA VIDA excepcional

Louise Hay
y
Cheryl Richardson

HAY HOUSE, INC.
Carlsbad, California • New York City
London • Sydney • Johannesburg
Vancouver • Hong Kong • New Delhi

Derechos © 2011 Richardson Enterprises, Inc., y Louise L. Hay

Publicado y distribuido en los Estados Unidos por: Hay House,
Inc., P.O. Box 5100, Carlsbad, CA 92018-5100 USA • (760) 431-7695
o (800) 654-5126 • (760) 431-6948 (fax) o (800) 650-5115 (fax)
• www.hayhouse.com®

Supervisión de la editorial: Jill Kramer • *Editora del proyecto:* Shannon
Littrell • *Diseño:* Pamela Homan
Traducción al español: Adriana Miniño: **adriana@mincor.net**

Título del original en inglés: *You Can Create an Exceptional Life*

ISBN: 978-1-4019-3541-2
ISBN digital: 978-1-4019-3542-9

Impresión #1: marzo 2012

Impreso en los Estados Unidos

CONTENIDO

Introducción por Louise Hay vii

Introducción por Cheryl Richardson xi

Capítulo 1: Responde el teléfono y abre tu correo 1

Capítulo 2: Convirtiéndote en el creador de una
vida excepcional 33

Capítulo 3: Como comienzas tu día es como
vives tu día 53

Capítulo 4: Como vives tu día es como vives tu vida . . 71

Capítulo 5: No rompas un hábito: ¡disuélvelo! 105

Capítulo 6: La belleza de la sabiduría 131

Capítulo 7: El final de la película 153

Recopilación de afirmaciones 173

Acerca de las autoras 183

INTRODUCCIÓN

por Louise Hay

Durante muchos años, una de mis afirmaciones ha sido: *Solo lo bueno se manifiesta ante mí.* Es un pensamiento reconfortante que disuelve todos mis miedos sobre el futuro y que me permite despertarme cada día con confianza, sintiéndome en paz. A menudo me deleito e incluso me asombro al observar cómo la Vida me brinda una nueva y fascinante aventura.

Así fue cómo me sentí cuando Reid Tracy, director ejecutivo de Hay House, me dijo que estaba considerando la idea de que Cheryl y yo trabajáramos juntas en un libro. Una gran sonrisa iluminó mi rostro cuando la idea penetró en mi conciencia con todas sus posibilidades.

Al comienzo tuve muchas preguntas: ¿De qué tema escribiríamos? ¿Cómo mezclaríamos nuestros estilos? Puesto que vivimos separadas por una gran distancia, ¿nos daría la Vida suficiente tiempo para compartir juntas? Pero pronto comprendí que la Vida no habría concebido una idea tan buena sin haber cubierto primero todas las bases. Y dicho y hecho, todas las bases quedaron cubiertas. Cheryl y yo nos encontramos en varias ciudades, tanto en Estados Unidos como en el extranjero, con la cantidad perfecta de tiempo para preparar uno o dos capítulos. Y cuando no estábamos juntas, hablábamos por Skype —a menudo en piyama, con nuestro cabello al natural y sin maquillaje— y era como si estuviéramos en la misma habitación.

Cheryl y yo hemos realizado cambios increíblemente positivos en nuestras vidas, y deseamos compartir con ustedes lo que hemos aprendido. Todos podemos mejorar la calidad de nuestras vidas si practicamos el arte del cuidado personal y entrenamos nuestras mentes para tener pensamientos que nos hacen sentir bien. Cuando hacemos esto, atraemos experiencias encantadoras que enriquecen nuestras vidas.

La idea que Cheryl y yo teníamos era presentar estos métodos de la forma más fácil posible para que pudieras aprender, paso a paso, a tener paz interior, a llevar una vida libre de preocupaciones en un cuerpo saludable, con ingresos adecuados y disfrutando de tus relaciones. En esencia, deseábamos mostrarte cómo puedes pasar de sentirte víctima a ser el creador de una vida agradable.

Mientras lees capítulo a capítulo de este libro, notarás cómo tus hombros se relajan, se suaviza tu ceño, tu tensión y tus temores se diluyen al comprender que existe una forma mejor de vivir.

Es la jornada la que brinda placer, no la carrera para llegar a un destino. Te amamos y te apoyamos mientras avanzas con nosotras en esta maravillosa nueva aventura, ¡hacia una vida excepcional!

INTRODUCCIÓN

por Cheryl Richardson

Existe una energía Universal, una fuerza Divina que nos crea; nos sustenta; nos conecta y trabaja en colaboración con nuestros pensamientos, palabras y acciones para generar nuestras experiencias de vida. Cuando reconocemos y aprendemos a trabajar en equipo con este poder benevolente, nos convertimos en dueños de nuestro propio destino. La fórmula es sencilla: *Ten pensamientos que te hagan sentir bien, toma decisiones que te hagan sentir bien y emprende acciones que te hagan sentir bien.* Luego entrega los resultados confiando en que la Vida te brindará lo que necesitas para crecer y ser feliz.

Esta sencilla fórmula ha mejorado radicalmente la calidad de mi vida, y puede mejorar la tuya también. Cuando la usas y aprendes a confiar en ella, la vida se desarrolla de forma milagrosa. Llegarán oportunidades extraordinarias para vivir tu vida a plenitud y para causar impacto en el mundo. Este libro, para mí, es una de esas oportunidades extraordinarias.

Todo empezó una tarde mientras almorzaba con Reid Tracy, director ejecutivo de Hay House. Reid y yo nos conocemos desde hace muchos años; y hace poco comenzamos a enseñar un taller a profesionales experimentados que deseaban aprender a expandir sus posibilidades. Juntos, conducimos a los participantes a través del proceso de escribir y publicar sus libros, hablar en público, realizar presentaciones en radio y televisión, y usar los medios sociales para desarrollar una audiencia. El título de nuestro taller es *Speak, Write & Promote: Become a Mover & Shaker (Habla, escribe y promuévete: conviértete en una persona influyente);* y es un proyecto que nos ha dejado como legado el privilegio de cultivar nuevos y conscientes líderes en el campo del auto empoderamiento.

Mientras comenzábamos a comer y hablábamos acerca del progreso de nuestro último taller, Reid me tomó por sorpresa con una invitación inesperada: "He estado pensando sobre nuestro próximo proyecto y me pregunto si estarías interesada en escribir un libro con Louise".

Cuidadosamente, puse mi tenedor sobre la mesa al lado de mi plato y me quedé mirándolo: "¿Louise Hay?", pregunté con la boca llena de comida y totalmente sorprendida.

"Sí", dijo con una sonrisa, "Louise Hay".

Louise es considerada una de las fundadoras del movimiento de autoayuda y una pionera en la sanación cuerpo-mente, a quien conozco hace más de veinte años. No personalmente, cuando comenzó, sino a través de sus libros y sus charlas. Su libro, *Tú puedes sanar tu vida,* publicado en 1984, fue uno de los primeros en presentar la conexión entre los trastornos físicos y sus respectivos patrones de pensamiento y problemas emocionales. Yo sabía que Louise había vendido más de 50 millones de copias de sus libros y que mucha gente alrededor del mundo había sido influenciada por su obra.

Mientras miraba fijamente a Reid, en mi mente se repetía la frase: *completar el ciclo.* ¿Escribir con Louise Hay? Me remonté a nuestro primer encuentro. Fue a mediados de la década de los ochenta: yo era una joven tratando de encontrarme a mí misma. *Tú puedes sanar tu vida* había sido uno de los primeros libros que me encaminaron hacia mi propio sendero de sanación.

En esa época trabajaba como voluntaria en un lugar llamado Interface en Cambridge, Massachusetts. Interface era un centro de educación integral que se vanagloriaba de haber presentado programas de pensadores de vanguardia, tales como: Marion Woodman, una analista jungiana y pionera en la psicología femenina; John Bradshaw, el hombre que presentó el concepto de familias disfuncionales en los Estados Unidos, a través de sus series en el canal público nacional, llamadas *Bradshaw On: The Family;* y Bernie Siegel, el cirujano que retó a médicos y pacientes a ver la sanación como un proceso integral que cubre nuestras vidas emocionales y espirituales, así como nuestros cuerpos físicos. Louise iba a dar una charla sobre su libro en Interface, y yo había sido elegida para llevarla del aeropuerto a su hotel.

La idea de recoger a Louise Hay en el aeropuerto era muy emocionante. Estaba ansiosa y emocionada por conocer a alguien que había influenciado mi vida de una forma tan profunda. En su libro, Louise contó la historia íntima de su vida con tanta valentía y vulnerabilidad que yo sentí que éramos espíritus afines. Su habilidad para convertir un pasado violento y abusivo en un presente lleno de paz y sanación me inspiró para que yo misma me embarcara en el sendero de la sanación. Me retó a reconsiderar el crecimiento desde una perspectiva radicalmente nueva: si quería cambiar mi propia vida, primero tenía que cambiar mi forma de pensar. Tenía que dejar de sentirme víctima de las circunstancias. Era el momento de colocarme firmemente en el asiento del conductor usando las herramientas prácticas que ella proveía con el fin de realizar cambios positivos y duraderos.

Mientras conducía hacia el aeropuerto, tuve que recordarme constantemente de controlar mi emoción, evitando bombardearla con preguntas, y dejándole suficiente espacio. Cuando llegué descubrí que su vuelo de California estaba retrasado, por lo que me senté en la sala de espera durante más de dos horas, sin embargo, mi emoción jamás se desvaneció. Más bien, se incrementó. Eventualmente, cuando Louise salió del avión, logré llegar hasta la puerta de acceso y me presenté. Ella sonrió y me dio un apretón de manos, y luego caminamos hacia el automóvil. Apenas pronuncié una palabra en todo el camino hasta el hotel.

La vida nos presentaría la oportunidad de encontrarnos una vez más varios años después: esta vez bajo circunstancias muy diferentes. La jovencita que estaba tan desesperada por encontrarse a sí misma en la década de los ochenta, se había convertido en una mujer que escribía libros y ayudaba a los demás a embarcarse en sus propias jornadas de autodescubrimiento. En esta ocasión, Louise y yo nos encontramos de nuevo en una cena para autores auspiciada por su editorial: Hay House. Este sería el primero de muchos encuentros que nos permitiría conocernos mutuamente de una forma más personal y significativa.

Con el paso de los años, el tiempo que compartimos me hizo que viera con nuevos ojos a alguien, que incluso ahora, a la edad de 84 años, sigue practicando *diligentemente* sus propias enseñanzas. Louise es un ejemplo hermoso de lo que significa pensar y hablar de su jornada hacia una vida excepcional.

Ahora, mientras consideraba la idea de Reid, mi primer pensamiento fue: *Esta sería una oportunidad única de aprender de una mujer que ha causado un impacto tan enorme en mi vida, así como en las vidas de millones de otras personas.* No había nada que pensar. Escribiría el libro únicamente por tener la experiencia. Sin embargo, había más. Mi vida seguía siendo influenciada en forma significativa por la sabiduría de la obra de Louise.

Por ejemplo, el año anterior, había mantenido mi práctica diaria inspirada en las enseñanzas de sus afirmaciones. Cada mañana, antes de comenzar mi día, escribía unas cuantas páginas en mi diario y terminaba con una lista de afirmaciones espontáneas. Esperaba con emoción el momento de este nuevo ritual y sentía curiosidad sobre cómo podría influenciar mi vida.

Apenas había comenzado a embarcarme en esta nueva práctica comencé a notar cambios tangibles. Me sentía mejor durante el día; tenía más entusiasmo por la vida; y me parecía más fácil liberar mi mente de las cosas que me irritaban o molestaban, y cambiarlas por pensamientos que me hacían sentir bien. No solamente eso, sino que conforme continuaba con mi práctica diaria, era más capaz de reconocer mis necesidades más profundas y personales. Al cabo de unos pocos meses, comencé a notar patrones y temas en las afirmaciones que estaba creando. Algunas de ellas se presentaban una y otra vez, alertándome sobre experiencias que anhelaba atraer a mi vida. Una, en particular, seguía ocupando el primer plano:

Trabajo en colaboración creativa con personas inteligentes e inspiradoras en proyectos que contribuyen a la sanación del mundo.

Al comienzo, esta afirmación me sorprendió. Habiendo sido siempre, por naturaleza, alguien a quien le gustaba trabajar sola —bueno, para ser franca, era una verdadera obsesiva del control— prefería estar a cargo de todo y tener siempre la última palabra. Pero esto se estaba convirtiendo en una forma solitaria y menos satisfactoria de funcionar en el mundo. Estaba comenzando a considerar más la idea de trabajar con otras personas que me hicieran cuestionarme y me inspiraran, en vez de seguir avanzando sola por la vida. Ahora, observaba cómo la Vida me mostraba con claridad que me estaba prestando atención. El poder de enfocar mi energía estaba manifestando algo nuevo.

Mientras pensaba más en la invitación de Reid, tomé la decisión de cruzar la puerta abierta que se presentaba ante mí. "Sí, me encantaría escribir un libro con Louise", le dije. "¿Cuál es el siguiente paso?".

Unas semanas después, Louise y yo nos encontramos para tratar el tema de nuestro trabajo juntas. Estuvimos de acuerdo en que escribir un libro era una excelente idea, y decidimos hacer algo que solo la edad y la experiencia podían inspirar: *Confiar en la Vida*. Y en vez de crear un esquema o seguir algún tipo de plan organizado, las dos permitiríamos que el libro se nos revelara por sí mismo. Y así fue que ocurrió.

Mientras asistíamos a eventos a lo largo y ancho de Norteamérica y Europa, Louise y yo disfrutamos de una serie de conversaciones íntimas, de corazón a corazón, sobre los principios espirituales que habían moldeado nuestras vidas. Aunque he escrito el libro desde mi punto de vista, este refleja nuestra experiencia en colaboración planteando temas que van desde amarnos a nosotros mismos y a nuestros cuerpos, hasta la forma en que hemos lidiado con una variedad de asuntos que incluyen el envejecimiento y un enfoque digno y tranquilo del final de nuestras vidas aquí en la Tierra.

Es nuestro deseo sincero que estas conversaciones te inspiren a desarrollar los hábitos espirituales que te apoyarán para llevar una vida excepcional. Mientras lo haces, pronto descubrirás lo que Louise y yo conocemos como la verdad universal más importante de todas: *¡La Vida te ama!*

CAPÍTULO UNO

RESPONDE EL TELÉFONO Y ABRE TU CORREO

Estoy en mi casa en Massachusetts, observando a lo lejos un paisaje congelado, lista para llamar a Louise en la soleada California. Al lado de mi computadora, tengo una taza de mi té favorito (Fortnum & Mason's Royal Blend) mezclado con la cantidad perfecta de leche de almendras crudas hecha en casa. Estoy emocionada por comenzar nuestro proyecto.

Cuando planificamos por primera vez nuestra llamada, me tomó desprevenida que Louise sugiriera que habláramos por Skype para que así pudiéramos vernos mutuamente mientras hablábamos. *¿Skype?*, pensé. *¿En verdad?* Yo apenas había comenzado a usar el programa hacía un año. Ya comenzaba a aprender lo moderna que era Louise a sus 84 años. Esto iba a ser una gran aventura.

En un esfuerzo por llegar a conocer a Louise a un nivel más profundo, y comenzar a navegar a través de este proyecto, anhelaba escucharla hablar sobre su jornada personal. Me preguntaba qué la había hecho iniciarse en el camino hacia el auto empoderamiento. ¿Cuáles habían sido las guías que la habían dirigido a lo largo de su camino? ¿Qué la había inspirado a crear una compañía que había tenido un impacto tan profundo en la vida de millones de personas alrededor del mundo?

Sin embargo, mi curiosidad estaba matizada con algo de reservas. Sabía que Louise había compartido su historia muchas veces antes, tanto en *Tú puedes sanar tu vida* como en numerosas charlas y talleres. Siendo yo alguien que ha escrito extensamente sobre mi propia vida, sé lo tedioso que puede ser contarla hasta cuatrocientas veces. O sea, que mantuve mi determinación de escuchar su vida desde una nueva perspectiva. Ansiaba aprender sobre la visión que había obtenido a través de los años y la experiencia.

Con lo que llegué a reconocer como una intuición muy bien refinada, Louise abordó mis preocupaciones desde el principio mientras planificamos nuestra primera conversación: "Ya he contado la historia de mi vida en mis libros, por lo cual, creo que no es necesario tratar de nuevo ese tema. No obstante, he estado pensando en las cosas que son importantes para mi crecimiento espiritual y pensé que podríamos hablar al respecto".

Respiré profundamente y sonreí: "Excelente", le dije. "Eso sería maravilloso".

A la hora convenida, marqué a Louise, hice un clic en el botón del video, y quedamos conectadas. ¡Ahí estaba! Con una sonrisa radiante, los lentes colocados sobre el alto de su nariz, sentada muy derecha en su silla, y evidentemente lista para empezar. Después de conversar por unos minutos, comenzamos a trabajar. Comencé a grabar con mi iPhone, coloqué los dedos sobre el teclado de mi computadora para tomar notas, y escuché cuidadosamente a Louise considerar mi primera pregunta: *¿Qué te impulsó a iniciarte en el camino espiritual?*

"Mi crecimiento espiritual se inició cuando tenía cerca de 42 años", empezó contándome. "Había estado casada con un inglés encantador quien me brindó la oportunidad de aprender los modales sociales y la forma de comportarme en el mundo, cosa de la que había carecido en mi infancia. Crecí en una familia violenta, nunca fuimos a ningún lugar ni hicimos nada. Me escapé de casa a los quince años, y aunque aprendí algunas técnicas de supervivencia, no tenía habilidades para llevar una vida normal en el mundo. Cuando me casé con este hombre de tanto mundo y tan educado, aprendí mucho de él. Juntos hicimos toda clase de cosas maravillosas, y justo cuando me estaba diciendo a mí misma que las cosas buenas podían durar y que probablemente estaríamos juntos para siempre, me dijo que quería divorciarse. Quedé destrozada".

Dios mío, eso debió haber sido terrible, le dije.

"Sí. Mi esposo era un personaje muy importante, y nuestro divorcio apareció en todos los periódicos. Fue una época muy dolorosa porque de inmediato me dije: '¿Ves?, una vez más, no puedes hacer nada bien'. Pero ahora, en retrospectiva, veo que el matrimonio fue una puerta importante que debía cerrar con el fin de avanzar al siguiente paso de mi camino. Si no me hubiera divorciado, jamás me habría convertido en esta Louise Hay. Más bien, habría seguido siendo la pequeña esposa inglesa obediente, una muy buena esposa según mi concepto, pero no lo que yo estaba destinada a ser. Había llegado el momento de terminar esa etapa".

Escuchando a Louise, pienso en la clásica llamada a despertar, la ruptura a menudo abrupta e inesperada que puede ocurrir en una vida confortablemente adormecida. Ciertamente, a mí me tocó pasar por algo similar antes de que, en definitiva, comenzara a despertar: angustia desgarradora, la vergüenza de haber sido despedida de un empleo y un incendio real que destruyó nuestro negocio familiar. De hecho, fue ese incendio lo que finalmente me sacó de mi sueño profundo y me plantó con firmeza en el camino espiritual.

"Ocurrió un año después de lidiar con la pérdida de mi matrimonio, cuando se abrió una nueva puerta", continuó Louise. "Tenía una amiga que me invitó a una charla en la Iglesia de la Ciencia Religiosa en Nueva York. Me pidió que la acompañara porque no quería ir sola. Estuve de acuerdo, pero cuando llegué y vi que ella no estaba tuve que tomar la decisión de quedarme o irme, entonces decidí quedarme. Así que me encontraba ahí sentada escuchando esa charla, cuando escuché que alguien dijo: 'Si estás dispuesto a cambiar tu forma de pensar, puedes cambiar tu vida'. Aunque sonaba como una declaración pequeña y trivial, fue enorme para mí. Y capturó mi atención".

¿Por qué crees que capturó tu atención?, le pregunté.

"No tengo idea, pues yo era una persona que jamás había estudiado nada. Recuerdo que tenía una amiga que insistía siempre en que fuera a tomar algunas clases en YWCA, pero yo no estaba interesada. Sin embargo, algo respecto a este tema me interesó en ese momento, y tomé la decisión de regresar. Ahora veo la perfección en el hecho de que mi amiga no se hubiera presentado. Si lo hubiera hecho, probablemente habría tenido una experiencia diferente. Como ves, todo es perfecto".

Todo es perfecto. Al principio, cuando escuchas esta frase es como escuchar que todo sucede por una razón. Es un mensaje difícil de aceptar cuando te enfrentas con una tragedia o con un dolor muy profundo de cualquier tipo. Pero cuando nos entrenamos para ver la perfección en nuestros momentos más difíciles —una perspectiva que a menudo solo puede comprenderse en retrospectiva— aprendemos a confiar en la Vida. Llegamos a comprender que aunque pueda no gustarnos cierto resultado, la Vida puede estar llevándonos hacia una nueva dirección más apropiada y beneficiosa.

Todo ocurre por una razón o *Todo es perfecto* son creencias nacidas de una decisión de ver la vida como una escuela. Cuando decidimos convertirnos en estudiantes de la vida, que aprendemos y crecemos de nuestras experiencias, todo, en efecto, ocurre por una razón. De esta manera, convertimos nuestros momentos más difíciles en algo significativo que podemos usar para nuestra ventaja espiritual.

Louise continuó. "Después de esa primera charla, comencé a asistir con regularidad a otras charlas en esa iglesia. Quería aprender más. Descubrí que tenían un programa anual de entrenamiento, entonces tomé la decisión de convertirme en alumna y me matriculé. En el primer entrenamiento, ni siquiera tenía el libro, por lo tanto, me limité a escuchar. Luego tomé todo el programa de nuevo, esta vez con el libro. Fue un comienzo muy lento, pero permanecí en él. Tres años después, era elegible para convertirme en una de sus profesionales licenciadas, lo cual significó que estaba en la capacidad de aconsejar a otros en la iglesia".

¿Qué hace exactamente un consejero de la iglesia?

"Durante estas sesiones, una persona llegaba con un problema, ya fuera una enfermedad o un asunto financiero, y yo practicaba un 'tratamiento'. Un tratamiento era nuestra forma de orar. En esta oración, reconocíamos el hecho de que existe un Poder Infinito y que todos somos parte de esta Inteligencia. Declaramos la verdad —el resultado que deseábamos— de una forma positiva. Por ejemplo: *Mi cuerpo está sano y libre de toda enfermedad*, o *Hay un suministro ilimitado de prosperidad para mi familia y para mí*. Luego terminábamos la oración con la frase 'Así sea'. A partir de ese momento, cuando la persona pensaba en el problema, debía usar su temor o preocupación como un activador para recordarle que debía reafirmar que la Vida estaba ocupándose de eso y que estaría bien".

Estaba muy familiarizada con el concepto de conducir un tratamiento. A mis veintitantos años quedé cautivada por las escrituras de maestros del Nuevo Pensamiento tales como: Catherine Ponder, Florence Scovel Shinn, Norman Vincent Peale y Robert Collier. Y a comienzos de mis treinta años, Max, mi mejor amigo, me regaló un libro llamado *El sermón de la montaña* del doctor Emmet Fox, un ministro del Nuevo Pensamiento. Este libro cambió radicalmente mi manera de pensar y me inspiró a estudiar aún con más intensidad la obra del doctor Fox. En efecto, su libro *El poder del pensamiento constructivo,* se convirtió en mi manual de vida durante un año. Estudié cada una de sus palabras y puse en práctica sus enseñanzas sobre cómo conducir tratamientos para tener acceso a la Fuente Universal del Poder disponible para todos.

"Me encanta Emmet Fox", dijo Louise. "Era un hombre muy bueno. Disfruté muchísimo de su obra y la sigo usando constantemente en mi propia vida".

Regresando a su trabajo como consejera, Louise dijo: "Una vez que terminé mi entrenamiento, comencé a trabajar con gente y conseguí seguidores con bastante rapidez. Muchos consejeros de la iglesia realizaban su trabajo en los fines de semana o durante las noches, pero al cabo de tres semanas, yo lo estaba haciendo a tiempo completo. Era increíble. La gente se sentía atraída hacia mí y querían trabajar conmigo".

¿Por qué crees que eso ocurrió? ¿Por qué tan rápidamente?

"No lo sé. Desde que puse mi pie por primera vez en el sendero espiritual, sentí que no tenía control sobre nada, y que tampoco tenía que tener control sobre nada. La vida siempre me ha brindado lo que he necesitado. Solamente he respondido siempre a lo que se ha presentado. Con frecuencia la gente me pregunta cómo fue que fundé Hay House. Quieren saber cada detalle desde que comencé hasta hoy. Mi respuesta es siempre la misma: contesté el teléfono y abrí el correo. Hice lo que estaba frente a mí".

Yo sabía exactamente de lo que Louise estaba hablando. Aunque he estado en mi propio camino espiritual desde que tenía unos 25 años, no fue hasta después de mis cuarenta años que comencé a *responderle* a la Vida en vez de tratar siempre de dirigirla. Entre mis veinte y treinta años era alguien que se tomaba el establecimiento de metas con mucha seriedad. Hice listas de mis metas profesionales, financieras, sentimentales, etc.; y creé planes de acción y mapas de tesoros para apoyarlos. En retrospectiva, fueron herramientas maravillosas que me permitieron canalizar mi energía creativa. Pero en algún punto, las cosas cambiaron.

Se produjo un cambio radical en mi interior. Aunque seguía creando mapas de tesoros —carteleras visuales o recortes que reflejaban las imágenes que me hacían sentir bien y me hacían aspirar a algo— comenzó a interesarme menos ir en pos del éxito y más bien reconocer lo presente que estaba ante la dirección que la Vida me estaba indicando que siguiera.

"Así era como yo vivía", continuó Louise. "Era como si simplemente la Vida se ocupara de todo, un paso a la vez. El negocio comenzó primero conmigo y con mi madre que en ese entonces tenía 90 años, quien era muy buena cerrando sobres y pegando sellos de correo, y de ahí siguió creciendo.

"Mirando hacia atrás, puedo ver cómo la Vida colocó exactamente lo que yo necesitaba en mi camino. Por ejemplo, después de mi divorcio tuve un novio que era director de teatro. Era parte del Teatro Hispanoamericano en Nueva York, y trabajé con él y con algunos de los actores durante aproximadamente un año. Era un teatro experimental, y terminé haciendo cosas que jamás pensé hacer antes. Cuando este director regresó a España, me quedé, y terminé actuando en una obra que me permitió obtener la tarjeta de Actriz Profesional. Desde ese momento —desde el instante en que recibí mi tarjeta Profesional, lo cual era algo muy importante— todo desapareció. Nadie me llamó y nadie me quería. No me importó, pues yo no había incursionado en el mundo del teatro deseando seguir una carrera".

¿Cómo fue que la experiencia del teatro se convirtió en un ejemplo de la Vida brindándote exactamente lo que necesitabas?

"Fue mi preparación para las conferencias ante el público que tuve que hacer más tarde. Cuando comencé mis charlas, no sentía pánico porque ya había hecho el ridículo en el escenario. Y a la gente pareció gustarle lo que yo hacía. Comprendí que hablar en público era igual que actuar en el teatro, excepto que yo escribía mi propio libreto. No tenía que hacer lo que otros querían; hacía lo que *yo* quería hacer".

En consecuencia, trabajabas a tiempo completo como consejera, y la gente parecía sentirse atraída hacia ti. ¿Cómo evolucionó tu trabajo a partir de ese momento?

"Una de las cosas que trabajábamos en la 'Escuela de la Ciencia Religiosa' (yo la llamo escuela) eran las enfermedades y sus equivalentes mentales, y yo estaba fascinada con esta idea. Recuerdo que tomaba notas; en una ocasión recopilé cosas que encontré en libros, ideas que me llegaban, y lo que veía en las personas con las que trabajaba, y lo llamé: una lista. La compartí con alguien en mi clase, y la mujer dijo: 'Louise, ¡esto es increíble! ¿Por qué no haces un panfleto con esa lista?'.

"Elaboré entonces un pequeño panfleto de doce páginas y le puse una cubierta azul. Lo titulé *What Hurts (Qué nos duele)*, pero con el tiempo llegué a llamarlo cariñosamente el 'librito azul'. Contenía una lista de enfermedades, los patrones mentales que pueden contribuir a cada enfermedad, y un pequeño tratamiento para sanar los patrones negativos. Aún recuerdo cuando fui a ver al doctor Barker, director de la escuela, y le enseñé lo que había hecho. Me dijo: 'Oh, Louise, es muy dulce, qué encantador. ¿Cuántos hiciste, unos cincuenta?'. Y yo le dije: 'No, hice 5,000'. Él me dijo: '¿Qué? ¡Estás loca! ¡Jamás venderás 5,000 panfletos!'.

"Ahora bien, la razón por la que mandé hacer 5,000, fue porque había aprendido que en la impresora de la iglesia costaba mucho menos la unidad si mandabas a imprimir mayor cantidad. Entonces tenía 5,000 panfletos impresos que me costaron 25 centavos cada uno. Yo cobraba un dólar. Sin embargo, nunca pensé en ganar dinero, solamente deseaba compartir la información. Pero, eventualmente, *llegué* a vender los 5,000".

Es decir, ¿el hecho de que el doctor Barker pensara que estabas loca no llegó a desanimarte?

"No. Seguí adelante. Una vez que tuve el librito azul en mis manos, les envié una copia gratis con un formulario de pedidos a todas las iglesias metafísicas que pude encontrar, y algunas de ellas compraron más. Y luego algunas personas hicieron unos cuantos pedidos. Creció muy lentamente. El primer año gané 42 dólares. ¡Me sentí tan orgullosa de tener mi propio libro! Para mí, esto era algo que había salido de la nada. Yo no sabía que podía hacerlo, y en dos años había vendido los 5,000. En ese momento decidí renovar el librito.

"Yo solía ir a la librería de la iglesia y observar a las personas. Advertí que si alguien tomaba mi libro en sus manos, por lo general lo compraba. Pero la mayoría de las personas no lo tomaba en sus manos, por lo que comprendí que necesitaba un título mejor. Le cambié el título a *Sana tu cuerpo* y expandí el material. Para ese entonces, la gente me enviaba cartas con preguntas sobre su salud y sus vidas, y yo me sentaba frente a una de las primeras versiones de procesadores de palabras, y pensaba en lo que me habían escrito, y mis dedos comenzaban a teclear. Me di cuenta que cada vez que respondía una carta, recibía una respuesta diciendo: '¿Cómo supiste? ¡¿Cómo supiste?!'. Eso me hizo sentir más confianza en lo que estaba diciendo. Eventualmente, dejé la iglesia y desarrollé mi propio proceso para trabajar con las personas".

¿Cómo cambió tu trabajo de consejera una vez que dejaste la iglesia?

"Solía hacer lo que yo llamaba terapia a corto plazo —cinco o seis sesiones— porque había dos posibilidades, o entendías lo que yo te estaba explicando y experimentabas un cambio en tu vida, o no lo entendías, y no tenía sentido desperdiciar tu dinero ni mi tiempo. Algunas personas no lo entendían: venían a verme una o dos veces y pensaban que todo este asunto eran puras tonterías. Pero si *lograbas* entenderlo, o por lo menos trabajar con eso, veías cómo tu vida cambiaba para bien.

"Teníamos nuestra sesión, y al final les pedía que se recostaran mientras colocaba un poco de música suave; me gustaba Steven Halpern porque nunca me aburría y era una música muy tranquila. Luego le pedía al cliente que cerrara sus ojos y respirara profundamente mientras lo invitaba a relajar su cuerpo desde la cabeza hacia los pies o al revés. Finalmente, realizaba un tratamiento para la persona. Grababa todo en una cinta y se las entregaba para que la llevaran a casa. Si regresaban, les pedía que trajeran la cinta para poder grabar la continuación de la última terapia. Con el tiempo, las personas poseían una cinta llena de mensajes positivos que yo deseaba que escucharan cada noche, justo antes de dormir, para reforzar el tratamiento. Cada uno de ellos sabía que en el momento que se detenían para escuchar, podían relajarse porque solamente se les comunicarían mensajes positivos".

Entonces, estabas desarrollando tu propia forma de trabajar con clientes, y publicaste tu primer librito. ¿Qué ocurrió después?

"Bueno, fue exactamente en esa época cuando me diagnosticaron un cáncer. Obviamente, me dio pavor, como le ocurre a todo el mundo. Primero, quedas aterrorizado con el diagnóstico. Recuerdo que llamé a mi maestro llorando: '¡Eric! ¡Eric! ¡Dicen que tengo cáncer!'. Y él me dijo: 'Louise, no puede ser que hayas realizado todo ese trabajo en ti misma para morir de cáncer. Asumamos un enfoque positivo'. Eso me calmó de inmediato. Él era alguien en quien yo confiaba y en quien creía, y sabía que estaba de mi lado. A partir de ese momento comenzó mi sanación".

Pero mientras ibas trabajando con individuos, me imagino que debes haber escuchado historias de personas que se sintieron mejor o se estaban sanando ellos mismos como consecuencia de tu guía. ¿No te brindó eso la serenidad necesaria para saber que podías lidiar con la enfermedad?

"Sí, bueno, una cosa es ver cambios positivos en las vidas de las otras personas, pero otra era creerlo por mí misma ahora que me estaba enfrentando con un diagnóstico que amenazaba mi vida. Comprendí que la Vida me estaba dando una oportunidad para demostrarme a mí misma que lo que yo estaba enseñando realmente funcionaba".

Entonces, ¿te dieron el diagnóstico de cáncer y comenzaste a practicarlo en ti misma?

"En verdad fue maravilloso, porque todo lo que necesitaba me llegó en el momento en que estuve determinada a curarme. Encontré un nutricionista que no iba a tratarme al comienzo, porque no se suponía que se pudiera tratar el cáncer con cualquier cosa que no fuera quimioterapia. Él sentía mucho recelo de ofrecerme un enfoque diferente. Recuerdo que me dijo que fuera a la sala de espera y que me sentara por un momento. Atendió a un par de pacientes y luego me pidió que regresara. Comenzamos a hablar y se enteró de que yo era miembro de la Iglesia de la Ciencia Religiosa. Resultó que él también iba a esa iglesia y, de repente, todo cambió. Me tomó como paciente, y aprendí muchísimo sobre nutrición, tema del cual no conocía nada en esa época. Mi dieta no era muy buena en ese entonces.

"Después de encontrar al nutricionista, conocí a un buen terapeuta y profundicé mucho en los asuntos de mi infancia que debían ser sanados. Tuve que gritar mucho y golpear muchos cojines para dejar salir mi ira. También aprendí que el perdón tiene mucho que ver con la sanación, y que tenía que practicarlo. Tenía que realizar una limpieza profunda".

Me gustaría hablar sobre el perdón por un minuto, interrumpí. Sé que tuviste un pasado violento, y me preguntaba si el trabajo de desintoxicación emocional que estabas haciendo con el terapeuta ocurrió *antes* de que comenzara el proceso del perdón. Te pregunto esto porque a menudo he descubierto que las personas se apresuran a perdonar con la esperanza de evitar sentimientos dolorosos que surgen cuando lidian con una traición, una pérdida o cualquier tipo de abuso.

"Sí, tenía que sanar primero" respondió Louise. "Lo que comprendí, y en lo que me enfoqué mucho, fue en el hecho de que mis padres nacieron como hermosos bebés. Tenía que observar cómo ellos habían pasado de ese lugar de inocencia hasta el momento en que me maltrataron. Reconstruí los hechos en lo posible basada en sus historias —o por lo menos en las historias que ellos me habían contado— y comprendí que mis padres habían sido criados bajo circunstancias terribles. Si analizas los antecedentes de algunas de las personas más horrendas del mundo, siempre encontrarás una infancia muy, muy terrible. Algunas terminan como yo, deseando ayudar a los demás, y otras desean ajustar cuentas. Pero nunca lograrás ajustar cuentas. Logré perdonar a mis padres porque comprendí sus vidas".

Entonces, para curar tu cáncer, conseguiste la ayuda de un buen nutricionista, un terapeuta, y la práctica del perdón. ¿Qué más?

"Una vez que logré colocarme en la posición donde sabía que podía curarme, parecía como que todo lo que necesitaba me llegaba. Cosas triviales ocurrían. Por ejemplo, escuché decir que la reflexología era un método poderoso para ayudar a purificar tu cuerpo de toxinas. Una tarde, mientras asistía a una charla, decidí sentarme en la última fila aunque siempre me sentaba al frente. No habían transcurrido dos minutos cuando llegó un hombre que se sentó a mi lado, y resultó ser un buen reflexólogo. Cuando descubrí que hacía sesiones a domicilio, me di cuenta de que no era una casualidad el haberlo conocido. Entonces le pedí que viniera a casa tres veces por semana. Era parte de lo que necesitaba. Recuerdo la primera vez que trabajó con mis pies para eliminar las toxinas, tuve la sensación de que estos eran como de cristal".

¿Quieres decir que tu sanación involucraba un proceso integral de trabajar con el cuerpo, la mente y sus pensamientos, y las emociones?

"Sí. Seis meses después fui a ver al doctor y el cáncer había desaparecido. Se había ido. En ese momento, mi alarma interior —mi intuición— me decía que el cáncer había desaparecido, pero de todas maneras deseaba confirmación médica. Una vez que la tuve, sentí que cualquier cosa podía curarse si estabas dispuesto a hacer tu trabajo".

Aprecié el reconocimiento de Louise de que la curación de su cáncer había sido un proceso integral: un proceso que involucraba su mente, su cuerpo *y* sus emociones..., no simplemente confiar en que "tener pensamientos positivos" haría que el cáncer desapareciera.

"No, es todo", dijo ella. "Si te colocas en una posición en donde sabes que te puedes sanar, llegará la ayuda apropiada. Pero luego tienes que estar dispuesto a hacer tu parte".

¿Qué se necesita para colocarte en una posición que atraiga lo que necesitas para sanar?

"Primero, tienes que cambiar tu forma de pensar respecto al problema. Todos tenemos ideas respecto a la sanación y a cómo deberían funcionar o no las cosas. Debemos cambiar radicalmente nuestra manera de pensar de *No se puede lograr* a *Sí se puede lograr: sólo tengo que descubrir cómo*. Siempre he dicho que la palabra *incurable* quiere decir que no puede curarse por ningún medio *externo* en el momento, por lo cual, tenemos que ir a nuestro interior. Eso, por supuesto, significa cambiar nuestra forma de pensar. También tienes que desarrollar valor propio o autoestima: tienes que creer que mereces curarte. Si puedes desarrollar eso con una firme convicción y afirmación, entonces la Vida te brindará lo que necesitas para manifestar la sanación".

Considerando que alguien que está leyendo esto ahora mismo está lidiando con su propia crisis de salud, ¿qué tipo de afirmaciones le sugerirías para comenzar con el estado de ánimo apropiado?

"Yo comenzaría con estas:

Me amo y me perdono.

Me perdono por haber permitido que mi [ira, miedo, resentimiento, o lo que sea] *haya perjudicado a mi cuerpo.*

Merezco sanar.

Soy digno de sanar.

Mi cuerpo sabe cómo curarse.

Coopero con las necesidades nutricionales de mi cuerpo.

Alimento mi cuerpo con comidas deliciosas y saludables.

Amo cada centímetro de mi cuerpo.

Visualizo agua fresca y pura fluyendo por mi cuerpo y eliminando todas las impurezas.

Mis células sanas crecen más fuertes cada día.

Confío en que la Vida apoya mi curación en todos los sentidos.

Cada mano que toca mi cuerpo es una mano sanadora.

*Mis médicos se sorprenden por la rapidez
con que mi cuerpo se está curando.*

*Cada día, y en todas las formas, soy más y más
saludable.*

Me amo.

Estoy seguro.

La Vida me ama.

Estoy sano y completo".

Entonces, ¿mientras estabas curándote de tu cáncer, seguiste atendiendo a las personas?

"Sí, y no le hablé a nadie sobre mi diagnóstico excepto a mi maestro y las personas que me apoyaban directamente. No quería ser influenciada por miedos ajenos. No quería desviarme de mi camino. Una vez que recibí la noticia de que el cáncer había desaparecido, comencé a revaluar mi vida, y tomé la decisión de irme de Nueva York. Había estado ahí durante treinta años, y ya estaba cansada del clima y de los inviernos. Deseaba regresar a donde pudiera recibir la luz del sol y tener flores todo el año, entonces fue cuando llegué a California".

¿Y te estableciste en Los Ángeles?

"Así es. Durante los primeros seis meses fui mucho a la playa. Tenía el presentimiento de que muy pronto iba a estar muy ocupada y no tendría tiempo de ir a la playa. También distribuí *Sana tu cuerpo* en todas las reuniones metafísicas que pude encontrar en Los Ángeles, y si era apropiado, le regalaba una copia a alguna persona. Resultó ser que no me atrajo regresar a ninguna de las reuniones a las que fui. No tenían nada para mí. No obstante, comencé a tantear un poco el terreno, y gradualmente comencé a atraer unos cuantos clientes".

Es decir que, de alguna manera, comenzaste de nuevo. ¿Te mantuviste en contacto con tus clientes de Nueva York?

"Sí. Me mantuve en contacto con ellos por teléfono mientras comencé mi nueva vida en Los Ángeles.

"Había una librería maravillosa en West Hollywood llamada Bodhi Tree; les llevé mi libro un par de veces, pero no estaban interesados. Sin embargo, al cabo de muy poco tiempo, la Vida comenzó a enviar gente a la librería diciendo: 'Quiero el librito azul'. La mitad de la gente no sabía el título ni mi nombre, pero sabían lo suficiente como para preguntar por el librito azul. La librería finalmente hizo la conexión entre el libro y yo, y me llamaron para pedirme seis copias. Tan pronto colgué el teléfono, me subí a mi auto y me fui a toda velocidad para entregarlos en persona. Durante el primer año, cada vez que recibía un pedido, lo entregaba personalmente en la librería, y descubrí que estaban vendiendo cada vez más y más. Así fue como la gente supo más de mí y de mi obra, y comenzaron a buscar mi ayuda.

"Cuando comencé a trabajar más con clientes a nivel individual, también comencé a ofrecer pequeñas clases, por lo general para unas seis personas. Pequeñas charlas y clases que la gente descubría de boca en boca. Con el tiempo, mi audiencia se expandió, hasta que llegó el momento en que tenía 350 personas para asistir a los talleres. Yo creía en lo que enseñaba, y las personas que asistían estaban realizando grandes cambios y obteniendo buenos resultados. Luego pensé que si podía poner en papel esta experiencia —lo que estaba aprendiendo de mi trabajo— podía ayudar a más personas. Pero no tenía tiempo. Más adelante, una mujer que había sido mi cliente en Nueva York, vino a verme, y me regaló dos mil dólares por lo feliz que estaba con el trabajo que yo había hecho para ayudarla a cambiar su vida. ¡Decidí que era el momento!

"Me di seis meses para escribir el libro. Reuní información de mis clientes, de mis talleres y de las historias que escuchaba, y comencé a colocarlo todo en el libro, así como el contenido de *Sana tu cuerpo*. Así comenzó *Tú puedes sanar tu vida*. Recuerdo que una vez que fue publicado, puse un montón de libros en una mesa en uno de los talleres, coloqué algunas monedas en un recipiente y las personas iban y compraban el libro por sí mismas. Tenía muy poco dinero, por lo cual, no podía imprimir muchos libros, pero tan pronto se vendieron los primeros que imprimí, fui a imprimir más".

Entonces, ¿terminar la primera edición de *Tú puedes sanar tu vida,* así como tu exitoso trabajo con clientes, fue lo que expandió la cobertura y el tamaño de tu audiencia?

"Sí, y la noticia se expandió mucho más allá de donde yo estaba enseñando. En un punto, fui a Australia por mi cuenta; alguien me había invitado a dar una charla gratis un viernes por la noche y luego un taller de un fin de semana. Cuando llegué al evento el viernes en la noche, había mil personas, y yo pensé: *¡¿De dónde diablos salieron todas estas personas?! ¿Qué están haciendo aquí? ¿Cómo es que me conocen?* Era como si la Vida se hubiera ocupado de todo".

Motivada por su creciente confianza en cómo iba siendo guiada por la Vida, el trabajo y la exposición de Louise se elevaría a un nivel completamente nuevo cuando la epidemia del SIDA llegara a mediados de la década de los ochenta.

Tal como ella lo explica ahora: "Había unos cuantos hombres homosexuales en mi consulta, y un día uno de ellos me llamó y me preguntó: 'Louise, ¿estarías dispuesta a iniciar un grupo con personas afectadas de SIDA?'. No estaba segura de lo que haría, pero respondí: 'Sí, reunámonos y veamos qué ocurre'. Comenzamos entonces con seis personas, y al día siguiente un hombre llamó y dijo que había sido la primera noche que había podido dormir en tres meses. Luego el rumor comenzó a extenderse rápidamente.

"Yo no sabía lo que estaba haciendo, pero en esa época también sabía que nadie más sabía lo que estaba haciendo. No era como si hubiera personas fantásticas trabajando con gente con SIDA y de repente hubiera aparecido yo con mis tonterías. Todos estábamos en lo mismo. Decidí que iba a hacer lo que siempre había hecho: enfocarme en liberar el resentimiento, ayudarlos a amarse, y motivarlos hacia la práctica del perdón: las cosas simples de la vida.

"Con este grupo en particular, supe que estaba lidiando con mucho odio personal, más que la mayoría de la gente, así como con todos los juicios de la sociedad en contra de ellos. La población de homosexuales ha pasado por todo lo que los demás han pasado con sus padres, además de haber sido también repudiados por ellos. Entonces, obviamente, eran llamados una abominación de Dios. ¿Cómo diablos puedes tener autoestima cuando estás escuchando siempre cosas de *esa índole?* Es imposible. Así que ahí estaba yo, una niña herida que había sido abandonada por sus propios padres, ayudando a estos hombres que también habían sido abandonados. Los comprendía. Entendía de dónde venían".

Parece que la Vida los reunió a todos en gran medida debido a la profundidad de la compasión y la comprensión de Louise. ¡Qué regalo para estos hombres!

"Pues bien, cuando se armó la de San Quintín fue en 1987 cuando me presenté en el programa de *Oprah Winfrey* y en el programa de *Phil Donahue* durante la misma semana", me dijo. "Ambos se enteraron de lo que yo estaba haciendo con el SIDA, y querían que les hablara al respecto. Me llevé a cinco de los hombres a quienes les estaba yendo bien, y fuimos primero al programa de *Oprah*. Ella fue maravillosa. Nos permitió transmitir el mensaje de que estábamos tratando todo el tema con amor, que no sentíamos miedo los unos de los otros, y que nuestro enfoque era amarnos a nosotros mismos.

"Siempre quise mantener el enfoque en lo positivo. Lo primero que dije cuando comencé a trabajar con esos hombres fue: No vamos a sentarnos aquí a jugar a *Qué cosa más horrible, ¿no?'.* Ya sabíamos que era horrible y no iban a llegar a ninguna parte con ese jueguito. Cuando venían a verme, asumíamos un enfoque positivo. Cualquiera que tuviera buenas noticias o una técnica que fuera positiva, podía compartirla".

Entonces, ¿ellos sabían que podían contar con tu apoyo, tu simpatía y con algún tipo de experiencia agradable?

"Sí, todo el mundo tenía algo que compartir, y no había juicios. Conforme se incrementaban las reuniones, más cosas buenas tenía yo para ellos. Recuerdo que alguien nos regaló seis camas para masajes. Los hombres las arrastraban hasta el sitio del evento cada miércoles por la noche y las armábamos. Preguntábamos quién practicaba Reiki o sabía dar masajes, para que se colocara al lado de una de las camas, y las personas pudieran recibir un tratamiento energético. No las llamábamos 'camas de sanación', las llamábamos 'camas de energía'. Para muchos de los hombres, era la primera vez que alguien los tocaba en toda la semana. Eso significaba mucho para ellos. Nuestro enfoque era muy sencillo: sentirse bien. Mis ideas siempre han sido muy sencillas. Parece ser que cuanto más sencillo eres, mejor funcionan las cosas.

"Presentarnos la misma semana en los programas de *Oprah* y *Phil Donahue* nos puso realmente en primer plano. Los pocos teléfonos que teníamos estaban constantemente congestionados, y *Tú puedes sanar tu vida* se mantuvo trece semanas en la lista de los libros de mayor venta del *New York Times*. De repente, yo tenía una empresa".

Entonces, ¿*ése* fue el momento en que te diste cuenta que tenías una empresa verdadera?

"Nunca dije que quería tener una empresa, pero recuerdo haber dicho para mis adentros durante muchos años antes que si algún día la tenía, la llamaría Hay House. Así que ahí me encontraba. Primero tuve el librito azul, luego *Tú puedes sanar tu vida*, y luego dos cintas de meditación: una para la mañana y una para la noche. Tenía cuatro productos. Hice todo lo que pude para venderlos por mí misma al comienzo, pero cuando fue demasiado, contraté a alguien para ayudarme. Luego, cuando las ocupaciones se incrementaron, contraté a otra persona; y el negocio creció muy, muy lentamente a partir de ahí. Comenzó como una pequeña Hay House. Al poco tiempo, tenía cinco o seis personas trabajando conmigo, y recuerdo que en una Navidad les di cincuenta dólares a cada uno porque era lo único que tenía para compartir.

"Manejaba el negocio desde mi casa en un edificio de apartamentos, y en un determinado momento, un par de vecinos se quejaron, por lo que tuve que mudarme. Me fui a otro edificio que no quedaba muy lejos, y advertí que había una compañía de contadores del otro lado del pasillo. Estábamos en el punto en que necesitábamos un buen contador, así que contraté a esa compañía para que nos ayudaran a poner en orden nuestros registros financieros y nuestros impuestos. Eventualmente, nos dimos cuenta que costaría mucho menos contratar a alguien de tiempo completo, por lo que terminamos contratando a uno de sus empleados. Así es que una vez más, la Vida me había brindado exactamente lo que necesitaba para crecer y ayudar a más personas. Antes de salir para un viaje, pensé que habíamos estado de acuerdo en contratar a un hombre llamado Michael. Pero cuando regresé, descubrí que Reid Tracy había sido contratado en su lugar. Reid es ahora el presidente y director ejecutivo de Hay House. Resultó ser el hombre perfecto para este trabajo".

Estoy advirtiendo un tema recurrente, le dije a Louise. Hablas consistentemente de que las cosas crecieron muy lentamente.

"Sí. Hoy, muchas personas desean el éxito rápido. Pero cuando estamos en el camino espiritual y respondemos a lo que la Vida nos presenta, creo que el trabajo más poderoso ocurre gradualmente con el tiempo. Es casi como si no nos diéramos cuenta que está ocurriendo. Miramos en retrospectiva y pensamos: *"¡Dios mío, mira todo eso!"*.

Además del éxito moderado y constante, advertí otra clave: temas recurrentes mientras escuchaba el sendero espiritual de Louise:

- *Simplicidad:* enfocarse en pasos pequeños, sencillos y manejables en vez de complicar las cosas.

- *Optimismo:* poner la atención y energía hacia las soluciones en vez de enfocarse en los problemas.

- *Paciencia:* experimentar plena y conscientemente la jornada en vez de apresurarnos a lograr un resultado particular.

- *Confianza:* aprender a confiar en la Vida viendo la perfección y la oportunidad de crecimiento en todas nuestras experiencias.

- *Evolución:* ver la vida como una escuela en donde usamos nuestras experiencias como catalizadores para el cambio y la realización personal.

- *Servicio:* enfocarnos más en cómo podemos estimular y asistir a las personas necesitadas, en vez de perdernos en nuestra propia visión personal y búsqueda del éxito.

- *Acción:* comprometernos en estar presentes y cruzar las puertas que la Vida nos abre en nuestra jornada.

- *Fe:* estar dispuestos a tomar riesgos y seguir adelante aunque no conozcamos los resultados.

- *Magnetismo:* desarrollar y conectarnos con la habilidad de atraer lo que necesitamos colocándonos (y manteniéndonos) en el estado mental apropiado.

Tengo una pregunta final para Louise antes de concluir nuestra primera reunión: *¿Crees que la Vida está continuamente dándonos golpecitos en los hombros, y si sólo prestamos atención y hacemos lo que está frente a nosotros, es muy probable que encontremos el camino correcto?*

"Creo que eso te mantendrá ocupado", respondió. "Hay muchas personas que necesitan tener metas en la vida —metas para un año o metas para cinco años— pero ese nunca fue mi caso. Yo no estaba realmente tratando de hacer algo muy bien definido o concreto. Mi pregunta siempre fue: *¿Cómo puedo ayudar a las* *personas?* Me he formulado esa pregunta miles de veces, y continuó haciéndolo. Cuando veo todas las cosas tan difíciles que ocurren en el mundo, comprendo que puede ser que no sea capaz de hacer algo específico, pero lo que *sí* puedo hacer es formular la pregunta y proyectar la intención energética de *¿cómo puedo ayudar?*

"Una vez que comprendemos cómo funciona esto, y confiamos en la forma en que funciona, simplemente respondemos el teléfono y abrimos el correo".

CAPÍTULO DOS

CONVIRTIÉNDOTE EN EL CREADOR DE UNA VIDA EXCEPCIONAL

"Somos seres poderosos y creativos que determinamos nuestro futuro con cada pensamiento que tenemos y cada palabra que expresamos". Esto fue lo primero que me dijo Louise cuando encendí mi grabadora al comienzo de nuestra siguiente sesión.

Estábamos sentadas una frente a la otra cómodamente, ante una gran ventana en el cuarto de mi hotel, desde donde observábamos la gran ciudad de Toronto. Hacía una tarde soleada y hermosa. Mientras consideraba la afirmación de Louise, comprendí que, en esencia, este mensaje es uno de los más importantes: *En nuestro estado mental, más puro y positivo, somos creadores poderosos de lo mejor de nuestras vidas.* Cuando tenemos pensamientos buenos, nos sentimos bien. Cuando nos sentimos bien, tomamos buenas decisiones. Cuando nos sentimos bien y tomamos buenas decisiones, atraemos más buenas experiencias a nuestras vidas. Realmente, es así de sencillo..., elegante... y verdadero.

La ciencia nos dice que las ondas de energía son el "relleno" del universo, y que cada aliento y cada pensamiento tienen efecto directo sobre algo o alguien en él. La silla en la que me siento, el teclado que uso para escribir, el hermoso árbol de magnolias que veo a través de mi ventana, están todos constituidos de energía. La velocidad con la que un objeto vibra determina la densidad de la forma. Esta energía recibe la influencia directa de nuestros pensamientos, las palabras que expresamos y las acciones que realizamos. *Estos pensamientos, palabras y acciones producen emociones; y nuestras emociones se convierten en la moneda con la cual compramos nuestras experiencias de vida.*

Conforme Louise y yo hablamos sobre las formas en que nuestros pensamientos influencian nuestras vidas, me hago aún más consciente de lo significativa y poderosa que esta idea es realmente. Muchas de las cosas que ambas creemos, enseñamos y practicamos en nuestras propias vidas están basadas en un concepto que todavía hoy en día es considerado por muchos como descabellado, de la Nueva Era o en el mejor de los casos simplista.

Por un momento, me imagino investigando en Internet, en mi biblioteca personal, o en las mentes de mis colegas de la comunidad científica, en busca de evidencia sólida que respalde nuestras ideas. Pero luego recuerdo que yo ya no hago eso. Ya no defiendo los principios espirituales que han guiado y modelado mi vida. Funcionan, y yo lo sé. Louise y yo lo sabemos.

Esa tarde, mientras continuamos nuestra conversación, nos percatamos de algo evidente: Louise y yo hemos sido inspiradas por escritores del Nuevo Pensamiento, tales como Emmet Fox y Florence Scovel Shinn, quienes motivaban a sus lectores a usar el poder del pensamiento para cambiar y mejorar sus vidas. Aplicando estos principios en nuestras propias vidas, ambas hemos logrado manifestar oportunidades y experiencias que creemos son prueba de lo poderoso que pueden ser nuestros pensamientos. Y esta evidencia ha reforzado nuestras creencias.

Aunque la ciencia puede ignorar las evidencias anecdóticas de las personas que han experimentado curaciones, o el poder creativo del pensamiento, las historias son importantes. Son presagios de cambio, catalizadores de un cambio radical en la conciencia que terminarán por conformar el tipo de vida que tenemos. Las historias milagrosas y las experiencias extraordinarias a menudo preceden el entendimiento. Nos invitan a abrir nuestros corazones y mentes, haciendo posible que creamos en algo que existe *fuera* de nuestro pensamiento limitado. Y ése es el punto.

Los saltos evolutivos de conciencia a menudo comienzan con ideas que parecen mágicas o asombrosas. Solo considera lo desquiciada que podía ser la idea para algunas personas de ver imágenes en una caja, en la sala, cuando oyeron hablar por primera vez de la "televisión". Una idea alocada, en apariencia imposible, que cambió para siempre el rostro de la humanidad.

Como pionera del campo mente y cuerpo, Louise ha desafiado a sus lectores y oyentes para que expandan sus ideas, sugiriendo la posibilidad de que traten sus dolencias físicas con herramientas metafísicas. En vez de enfocarnos en tratar la enfermedad solamente por medio de métodos convencionales, ella invita a las personas a que también se enfoquen en lo que *piensan* respecto a sus enfermedades. Al hacer el enlace entre la mente y el cuerpo, les permite a otros descubrir lo que ella misma ha experimentado: que nuestros pensamientos en verdad juegan un papel integral en la sanación del cuerpo. Louise ha visto la evidencia de esto repetidamente en los rostros sonrientes de mujeres y hombres que han sanado sus cuerpos y sus vidas. Esa es prueba suficiente para ella y para las muchas personas que ha ayudado en su camino a la sanación.

Cuando se trata de aprovechar las posibilidades que nos ofrece el poder del pensamiento, simplemente debemos actuar de nuevas formas y confiar en que la Vida nos presentará nuestra propia comprobación. Teniendo esto en cuenta, renuncio a mi intención de comprobar que el pensamiento influencia la realidad física, y más bien confío en mi propia evidencia anecdótica de la vida real. Una vez que tomo esta decisión, algo muy interesante ocurre.

Mientras estaba de compras en el supermercado con Michael, mi esposo, más tarde ese día, me detuve en la floristería a mirar unas orquídeas. Me quedé bastante tiempo estudiándolas, absorbiendo sus colores vibrantes y la forma exquisita de sus pétalos. Entretanto las examinaba con detenimiento, consideré comprar una, pero luego cambié de idea al distraerme por una pregunta de un cliente que estaba a mi lado.

Al día siguiente, regresé a casa luego de una reunión, y encontré una caja grande en las escaleras de la entrada. La arrastré adentro, la abrí, y descubrí en su interior una exquisita orquídea blanca anidada dentro de la caja. Recordé instantáneamente mi intención de la víspera y vi este regalo como resultado de un pensamiento enfocado y positivo. Adoro las flores, y ya había tenido suficientes experiencias de este tipo para saber que si dirijo mi energía —aunque sea de manera diminuta— hacia esas experiencias, le envío una señal poderosa al universo de que creo realmente que las va a atraer hacia mí. En esta ocasión, la señal debió haber sido más fuerte de lo usual. Dos días después, recibí un regalo inesperado de una amiga de la Costa Este...: otra hermosa orquídea blanca.

Lo que colocamos en el mundo tiene un gran efecto en lo que recibimos de regreso. Muchos de nosotros hemos visto ejemplos de esto todos los días, pero nunca hacemos la conexión. "Estamos trabajando constantemente en cooperación con la Vida", me recuerda Louise, "y deseamos inspirar a las personas para que lo practiquen, y también para que esta experiencia se evidencie en sus propias vidas. Simplemente, debemos mantener la mente abierta y confiar en nuestra propia experiencia". No podía estar más de acuerdo con ella. En cualquier momento dado, vemos, sentimos, enviamos y afectamos la energía en formas que casi o nunca, si acaso, podemos imaginar.

¿Alguna vez has entrado en una habitación y has sabido instantáneamente que alguien cerca de ti estaba de mal humor? ¿O has mirado a los ojos de un extraño y te has sentido abrumado por un sentimiento de compasión, comprensión o amor? Esto es lo que ocurre cuando *recibimos* energía. Nos sintonizamos con nuestro ambiente, nos conectamos con la vibración, y descargamos información sobre lo que está ocurriendo, a menudo sin la necesidad de una conversación o explicación.

Obviamente, también *enviamos* energía. ¿Alguna vez has sentido temor de enfermarte y te has preguntado si preocuparte por eso tenía algo que ver con lo que estaba ocurriendo en realidad? ¿O has deseado algo con tanta intensidad que pareciera como si tu enfoque en el objeto del deseo hubiera tenido algo que ver con que milagrosamente se manifestara en tu vida? Estas son las cosas que pueden ocurrir cuando *transmitimos* energía. Al enviar nuestras señales en forma de pensamientos, palabras o acciones, influenciamos energéticamente nuestro ambiente y, en consecuencia, nuestras experiencias de vida.

Hace años tuve la buena fortuna de tener una oportunidad extraordinaria de experimentar el poder de transmitir energía.

Después de un año muy ocupada viajando y dando conferencias, me sentía cansada y bloqueada creativamente. Durante esa época, tenía planes de visitar el Miraval Resort & Spa en Tucson, Arizona, para una reunión de negocios. Antes de dirigirme a ese lugar, contacté a mi amigo y colega Wyatt Webb, autor de *It's Not about the Horse (No se trata del caballo)*.

Wyatt creó la Experiencia Equina en Miraval: un proceso que usa interacciones con caballos como espejo para entender cómo los seres humanos se relacionan entre sí y con el mundo. Yo confiaba en Wyatt y sabía que él era un guía sabio y experimentado que podía ayudarme a entender por qué yo estaba bloqueada y cómo trascenderlo.

Camino a los establos, Wyatt y yo nos actualizamos sobre nuestras vidas. Cuando llegamos al corral redondo de los caballos, reconocí a un viejo amigo. De pie al lado de una cerca bajo la sombra de unos árboles estaba Monsoon.

Monsoon mide 1 m 70 cm de estatura y pesa más de 540 kilos, y aunque yo conocía a esta criatura magnífica de previas visitas a Miraval, un sentimiento de ansiedad crecía mientras Wyatt me llevaba directamente hacia él. Entré al corral curiosa por saber lo que él podía enseñarme.

Wyatt y yo hablamos por un rato sobre cómo me sentía y los cambios que habían ocurrido en mi vida en los dos últimos años. Después de escucharme y observar las señales de mi cuerpo (Wyatt es un maestro en descubrir lo que ocurre el interior de una persona observando lo que está ocurriendo en su exterior), me anunció: "¿Sabes lo que está ocurriendo, Cheryl? Creo que estás muy, muy enojada, y que esta ira no expresada está bloqueando tu energía".

Al escuchar esas palabras, hice lo posible para erigir un muro de protección entre mi amigo y mis emociones cada vez más en carne viva. Retrocedí y volteé la mirada. Pero sabía que necesitaba ayuda y confiaba en él lo suficiente como para expresar mis emociones, por lo que dejé que mis lágrimas fluyeran.

Wyatt se quedó a mi lado como un testigo silencioso de mi dolor y frustración. Cuando dejé de llorar, me explicó con delicadeza que mi ira contenida era la clave de mi poder; y que si no me permitía sentirla, no sería capaz de expresarme y apropiarme por completo de mi verdadero potencial durante la siguiente etapa de mi vida.

"Tienes mucho poder dentro de tu cuerpo", me dijo, "y a menos que estés dispuesta a superar la ira para conectarte con la energía de tu 'parte interior u oculta', seguirás estancada".

Lo que ocurrió enseguida me sigue sorprendiendo hasta hoy.

Wyatt me llevó hacia Monsoon que estaba de pie contra una cerca olfateando la tierra a sus pies. Su cabeza estaba posicionada lejos de nosotros, y su cuerpo estaba paralelo a la cerca. Cuando estábamos a unos seis metros del anca del caballo, Wyatt dijo: "Quiero que uses tu energía para mover a ese caballo. Quiero que Monsoon se gire por completo para que su cabeza quede de frente a nosotros".

"¿Quieres que mueva al caballo con mi mente?"

"No", respondió Wyatt. "Quiero que muevas al caballo con tu energía. Cierra tus ojos, respira profundo varias veces, y ¡dile al caballo que se *mueva!*"

Me quedé muy quieta, cerré mis ojos y me enfoqué con toda la fuerza que pude en mover al caballo. En mi mente me mantuve gritando *¡MUÉVETE! ¡MUÉVETE! ¡MUÉVETE!* Pero el caballo no se movía.

Wyatt se acercó más a mí. Y en su acento de vaquero, directo pero melódico, me dijo: "Deja de usar tu cabeza, Cheryl. Usa tus *entrañas*". Me dio un golpecito suave en el estómago. "Mueve al caballo desde *aquí*".

Cerré de nuevo mis ojos, determinada a tomarme mi tiempo. Con cada respiración profunda, me imaginaba creando una masa creciente de energía intensa en lo profundo de mi abdomen. Luego, cuando estuve lista, me imaginé enviando esta energía hacia Monsoon mientras mantenía la intención de que se *moviera*. Después de unos cuantos momentos, levantó su cabeza, nos miró, y procedió a caminar en un círculo completo. El caballo estaba ahora frente a mí, mirándome fijamente a los ojos.

Me quedé completamente atónita, con la vista clavada en Monsoon. Luego me giré hacia Wyatt, quien me miró directo a los ojos y me dijo: "Ahora imagínate lo que ese tipo de poder puede hacer por ti y por los demás en el mundo".

Jamás he olvidado ese momento ni ese mensaje.

Somos maquinarias exquisitas de comunicación. Cada uno de nosotros es una torre ambulante de un radiotransmisor, enviando y recibiendo señales de energía en todo momento del día. Como estrellas radiantes titilando en el cielo nocturno, vivimos y respiramos en un campo unificado de energía que nos conecta unos a otros. Cada movimiento y cada pensamiento casual o al azar llegan a este campo y lo afecta de alguna manera.

Conforme aprendemos a prestar más atención a las señales que recibimos y enviamos, reclamamos la posesión de un poder vasto y creativo que no solamente nos afecta a nosotros, sino a todo el mundo y a todo lo que nos rodea. Con la práctica, podemos confiar cada vez más en nuestra habilidad de usar esta red energética para mejorar la vida sintonizando nuestro transmisor —nuestros pensamientos— a una frecuencia más positiva.

De regreso a mi hotel en Toronto, Louise nos comparte una historia que ilustra maravillosamente este punto. "Iba conduciendo camino a la oficina mientras pensaba en una carta perturbadora que había recibido temprano ese día", dijo. "Estaba cavilando en eso, discutiendo mentalmente con el remitente. Pero enseguida me di cuenta de lo que estaba haciendo. Me detuve y comprendí que esta forma de pensar no me estaba haciendo sentir bien. Por lo que me detuve a un lado de la carretera y comencé a decirme lo que necesitaba escuchar para sentirme mejor. Dije cosas así:

Libero este incidente con amor; se terminó por completo.

*Observo con expectativa el siguiente momento,
el cual es fresco y nuevo.*

Solamente experiencias buenas yacen ante mí.

Soy bienvenida con amor dondequiera que voy.

Amo a la Vida y la Vida me ama.

Todo está bien y yo también.

"En un santiamén, regresé a mi actitud positiva y seguí mi camino. Un momento después, encendí la radio y escuché una extensa pieza de música clásica muy inspiradora que me hizo sonreír de oreja a oreja. Sabía que un cambio radical había ocurrido. Llegué a la oficina sintiéndome mucho mejor. Cuando crucé la puerta de entrada, un empleado me saludó con la frase 'te amo'. Cuando llegué a mi escritorio, me esperaba un ramo de flores: regalo del esposo de una empleada. Descubrí que el problema que debía tratar con alguien en una reunión más tarde ese día se había resuelto por completo y ya no tenía que asistir a esa reunión. Fue en ese momento que dije en voz alta: 'Gracias. Gracias. Gracias'".

Mientras escuchaba a Louise compartir esta historia, anoté la primera instrucción que ella se dio a sí misma: "Comencé a decirme lo que necesitaba escuchar para sentirme mejor". Qué hermoso ejemplo de cómo *nuestro primer y más importante acto de cuidado personal es cuidar nuestros pensamientos.* Cuando lo hacemos, todos nos beneficiamos.

Al darse cuenta rápidamente y cambiar hacia un diálogo interior amoroso, Louise le envió un mensaje energético a la Vida, la cual respondió de una forma, que no solamente la animó, sino que además enriqueció las experiencias de todos a su alrededor.

Lo diré de nuevo: tus pensamientos influencian directamente tu vida. Es fácil dejarse atrapar en una discusión sobre cómo funciona este principio, si funciona o no, o la validez de que el pensamiento crea la realidad. Pero debatir estas ideas es como desperdiciar energía preciosa discutiendo sobre cómo funciona la radio en vez de sencillamente sintonizar la emisora y disfrutar de tu programa favorito, o cuestionarnos sobre la legitimidad del Internet en vez de usarlo para comunicarnos u obtener información. En este momento, usar las herramientas espirituales en vez de las intelectuales, requiere de fe y de una mente abierta. Las herramientas espirituales hacen que la vida sea más fácil y más gratificante.

"En una ocasión asistí a una clase con Virginia Satir, pionera de la terapia familiar e internacionalmente famosa", me dice Louise, "quien nos relató que había realizado un estudio con estudiantes sobre las diferentes formas de lavar platos. Reuniendo sus respuestas, llegó a reunir 250 métodos *diferentes* de lavar platos, y cada persona pensaba que su método era la única forma de hacerlo bien. Cuando cierras tu mente a nuevas ideas, o a nuevas formas de hacer las cosas, puedes estar perdiéndote de formas más fáciles y mejores.

"Cheryl, tú y yo estamos tratando de conectar a las personas con una forma más fácil de llevar una vida excepcional. Cuando entienden el concepto y lo ponen en práctica —teniendo pensamientos y tomando decisiones que los hacen sentir bien— se colocan en un estado de flujo con el universo, y los milagros comenzarán a ocurrir. Enseguida, ellos mismos obtienen toda la evidencia que necesitan. Comienzan a ocurrir cosas que ni siquiera podían imaginarse".

Eres una máquina espiritual extraordinaria. Ahora mismo, hay más de cincuenta trillones de células en tu cuerpo, trabajando todas juntas y permitiéndote leer esta frase. Tus células no discuten. No cuestionan la forma en que las cosas funcionan. No se involucran en un debate sobre cuál es más inteligente o más eficiente. Juntas trabajan en hermosa armonía para permitir que esa máquina, llamada "tu cuerpo", funcione a su máximo nivel posible en cualquier momento dado. ¡Vaya milagro!

Este mismo tipo de juego de fuerzas armonioso toma lugar también en nuestro mundo exterior. Todos los días, nuestra divisa creativa de pensamientos, palabras, acciones y emociones, está trabajando en cooperación divina con la energía del universo para crear nuestras vidas. Al enfocar nuestra energía en una forma positiva, es mucho más probable que generemos experiencias buenas. Realmente, es así de sencillo.

Arriesgarte a reclamar este poder creativo y usar tu energía de forma sabia puede ser al comienzo un gran desafío. Después de todo, la mayoría de nosotros hemos sido entrenados a vivir en el miedo y a pensar y actuar de forma defensiva; buscando siempre lo que no funciona, lo que puede salir mal, o lo que no está bien en nuestras vidas. Solo hace falta que observes durante unos minutos las noticias o leas los titulares de los periódicos o del Internet, para que te des cuenta dónde está el enfoque colectivo. "Descubre los peligros que acechan en tu agua potable"; "La economía sigue en desplome"; "Diez razones para mantener a tus hijos a plena vista"... Estos mensajes incesantes que nos inducen temor, pueden afectarte de formas en que ni siquiera eres consciente. Con el paso del tiempo, puedes incluso sentirte atraído hacia las noticias negativas, a las conversaciones llenas de drama inútil y a pensamientos repetitivos perjudiciales. Una vez que este ciclo comienza, no se detiene por sí mismo. Tienes que estar muy alerta para tomar buenas decisiones y tener buenos pensamientos, sustituyendo lo bueno por lo malo a cada paso y en cada momento.

Sumergirte en esta energía temerosa y deprimente perpetúa el negativismo. Por ejemplo, puedes obsesionarte con el último programa de televisión realista que le muestra a la gente lo peor de ellos mismos, y comenzar a descubrir que te estás rodeando de individuos que están siempre pasando por algún tipo de crisis. Quizá puedes sentirte atraído por el drama en el trabajo, y comenzar a contribuir con el problema extendiendo rumores o quejándote sobre algo que no está funcionando en tu propia vida.

Sin darnos cuenta, desarrollamos patrones de pensamiento y conductas que dirigen nuestro radiotransmisor a buscar *y* a emitir señales negativas que solo crean más negativismo y experiencias difíciles en nuestras vidas. Y esos patrones pueden convertirse en algo muy profundamente personal. Cada día podemos terminar atrapados en un círculo negativo, etiquetándonos constantemente como seres defectuosos, malos o indignos.

Como Louise me explica ahora: "Cuando te odias, te dices cosas crueles, te dices lo feo que eres o te escondes del espejo, comienzas a sentirte realmente incómodo. No te sientes bien en absoluto. No disfrutarás de nada de lo que ocurre en tu día, y muy pocas cosas buenas te ocurrirán. Pero cuando haces algo tan sencillo, como mirarte en el espejo y decirte que te amas, aunque sea difícil hacerlo o no lo creas, tu energía cambia por completo. Luego, mientras tu día transcurre, te sientes mejor y atraes mejores circunstancias. Es entonces cuando ocurren cosas triviales, como encontrar un estacionamiento donde casi nunca hay uno, o que todos los semáforos se pongan en verde a tu paso".

Me pregunto cómo comienza todo. ¿Cómo es posible que hayamos llegado a estar tan alejados de este poder para diseñar nuestras vidas?, le pregunto a Louise.

"Siendo niños, somos criados desde el primer día respondiendo a las palabras *basta* o *no*", responde. "Son casi las primeras palabras que escuchamos. Se ha convertido en algo normal —aunque no sea natural— que nos enfoquemos más en lo que no podemos hacer, en lo que no nos está permitido hacer, y en las creencias limitantes que nos frenan, en vez de en nuestro verdadero y magnífico potencial. Hay una gran cantidad de personas en este mundo que empiezan cada conversación con algo negativo. Se ha convertido en algo normal para ellos. Cruzan la puerta, por ejemplo, y te saludan diciendo: 'Oh, Dios mío, casi me caigo en las escaleras'. Después de un tiempo, se convierte en algo totalmente natural para ellos. Ni siquiera se dan cuenta que lo están haciendo. Veo ejemplos de esto por todas partes.

"Hace un par de semanas estaba en una tienda comprando ropa. Encontré algunos artículos que deseaba comprar, y cuando estaba lista para pagarlos, escuché por casualidad a tres mujeres hablando entre ellas: una en el probador, otra esperando fuera del probador, y la mujer que me estaba atendiendo. Al poco tiempo, la conversación pasó al tema de una experiencia negativa que había ocurrido, lo cual las inspiró a tratar de superarse en dramatismo mutuamente. Tomé mi tarjeta de crédito y dije: 'Regreso después. No puedo lidiar con todo este negativismo ahora mismo'. Así es que me fui y regresé mucho después. Le pregunté a la cajera: '¿Ya se terminó esa conversación?'. Ella se rió mientras yo finalizaba mi compra. Las personas se sienten atraídas hacia las experiencias positivas. Estas mujeres no tenían la menor idea de que su conversación negativa estaba haciendo que un cliente se alejara de la tienda; estoy segura de que pudo haber otras personas que se hayan alejado sin decir una palabra".

Entonces, ¿continuaremos nuestra jornada con un énfasis en lo positivo?, pregunto con una sonrisa.

"Tú sabes que hay tantos maestros maravillosos, como el doctor Wayne Dyer, Abraham y la doctora Christiane Northrup, que comparten el mismo mensaje", me dice Louise. "Creo que la verdadera meta en la vida es sentirse bien. Deseamos dinero porque deseamos sentirnos mejor. Deseamos buena salud porque deseamos sentirnos mejor. Deseamos una buena relación porque creemos que eso nos hará sentir mejor. Y si más bien, pudiéramos hacer que nuestra meta sea sentirnos mejor, eliminaríamos mucho trabajo adicional. ¿Cómo puedo realmente sentirme bien en este momento? ¿Qué pensamientos puedo tener *ahora mismo* que me hagan sentirme mejor? Esa es la pregunta que debemos hacernos constantemente".

Mientras apago la grabadora y reúno mis cosas, pienso: *Así sea, hermana.*

CAPÍTULO TRES

COMO COMIENZAS TU DÍA ES COMO VIVES TU DÍA

Había pasado la mañana caminando alrededor del Covent Garden en Londres. Era un día a comienzos del otoño, y los acróbatas, artistas y artesanos ambulantes se estaban preparando para recibir a su público. Me encanta Londres. Me fascina la diversidad; la gente amable y cortés; y la variedad de modas, comidas, tiendas y cafés.

Louise y yo nos encontrábamos en Londres para asistir a un evento, y habíamos programado encontrarnos en la tarde para continuar nuestro trabajo en este libro. Esperaba ese momento con ansiedad. El corto periodo de tiempo en que nos habíamos reunido, había ya afectado mi vida de una forma muy positiva. Por ejemplo, ahora estaba más consciente de mis pensamientos a lo largo del día. Y el tiempo que me tomaba darme cuenta cuando estaba cavilando sobre algo desagradable se acortaba cada vez más. También ponderaba mis decisiones, personales y profesionales, para observar si me hacían sentir bien o no. Si no me hacían sentir bien, decir *no* se estaba convirtiendo en una respuesta automática. Qué maravilloso es crecer y aprender mientras se escribe un libro.

Cuando llamé a la puerta de la habitación de Louise, ella me recibió con sus centellantes ojos azules y una gran sonrisa. Me sentí bienvenida de inmediato. Conversamos sobre nuestra mañana y luego procedimos a continuar con nuestro trabajo. Me acomodé en el piso frente a la mesita de centro, encendí mi grabadora y comencé nuestra sesión preguntándole a Louise qué tenía en mente.

"Debemos enseñar a las personas a cómo iniciar su día", respondió con intensa determinación. "La primera hora de la mañana es crucial. Según cómo la pases, ésta determinará tu experiencia por el resto del día".

¡Así arrancamos! La pasión de Louise es evidente y me río a carcajadas cuando esta elegante mujer comienza la lección diciendo: "Demasiadas personas inician su día con: '¡Oh, mierda! Otro día que tengo que levantarme, ¡maldición!'. Si comienzas tu día de forma pésima, jamás será un buen día; no es posible. Si haces lo posible para que tu mañana sea horrible, tu día será horrible".

Mientras la escucho, mi mente se remonta a cuando tenía veintitantos años y a la relación íntima que yo tenía con mi reloj despertador. En ese entonces, jugaba a ver cuánto tiempo podía quedarme en cama antes de obligarme a levantarme para ir a trabajar. No me gustaba mucho mi vida, y ciertamente no esperaba con ansiedad acudir a mi trabajo.

Ahora, mientras estoy aquí con Louise, pienso en los millones de mujeres y hombres que apagan su despertador a diario o se levantan llenos de temor y ansiedad. Me estremece pensar en el mensaje energético que esto le envía el mundo: *No me quiero levantar, odio lo que tengo que hacer hoy,* o *Preferiría seguir durmiendo en vez de levantarme y enfrentar mi vida miserable.* Pensamientos de este tipo solo hacen que la gente atraiga más de lo mismo.

Todo cambia cuando comprendes que según cómo comienzas tu día, así pones en movimiento un patrón de pensamientos que determinan tus experiencias a lo largo del día. Curiosa por saber cómo Louise comienza su día, le pido que comparta con nosotros los detalles.

"Tengo una pequeña rutina que he llevado a cabo por años. En el instante en que me despierto, me acomodo un poco más en mi cama disfrutando de su sensación, y agradezco por una buena noche de sueño. Hago esto durante unos minutos mientras comienzo mi día con pensamientos positivos. Me digo cosas como: *Este es un buen día. Realmente va a ser un buen día.* Luego me levanto, voy al baño, y le agradezco a mi cuerpo su buen funcionamiento. Paso un rato haciendo ejercicios de estiramiento. En la entrada del baño, tengo una barra de donde me cuelgo; levanto mis rodillas hasta mi pecho tres veces y luego me quedo suspendida de la barra. He descubierto que colgarse en una barra en la mañana es excelente".

Me imagino a Louise colgada de una barra en la entrada de su baño, y comienzo mentalmente a revisar mi casa buscando el lugar perfecto para colocar también una barra. La idea me parece muy divertida.

"Después de unos cuantos estiramientos, me preparo una taza de té y la llevo conmigo de regreso a la cama. Me encanta mi cama. La cabecera ha sido especialmente diseñada en ángulo para poder recargarme en ella cuando leo o escribo. He llevado conmigo esta cabecera durante años. Es un ejemplo de algo que he hecho para que mi habitación sea especial y cómoda: un santuario. Es un lugar encantador".

¿Qué más hace que tu habitación sea especial?

"Que yo esté en ella", respondió Louise rápidamente con una sonrisa amplia e infantil. Mientras ambas nos reímos, me sentí tentada a acercarme y pellizcarle la mejilla a la niñita que veía en ella con sus brillantes ojos. Pero rápidamente, controlé a mi propia niña interior y le permití continuar.

"Una vez de regreso a mi cama, leo un poco de literatura espiritual. Por lo general, tengo unas cuantas cosas que leo al mismo tiempo". La interrumpo por un momento para averiguar qué libros está disfrutando actualmente. "Bien, siempre mantengo conmigo el libro *Heart Thoughts,* pues puedo leer unos pocos párrafos de una sola vez. También tengo a mi lado *A Deep Breath of Life* de Alan Cohen. Y ahora mismo estoy leyendo de nuevo *The Game of Life and How to Play It* de Florence Scovel Shinn. Es un libro muy bueno. Si tengo tiempo, después de relajarme y leer, puede que haga un crucigrama. Estiro mi cuerpo y luego estiro mi mente. Es un ritual de cada mañana. Luego estoy lista para levantarme".

La rutina diaria de Louise en sus mañanas, suena como la forma perfecta de comenzar el día, y me pregunto cuánto tiempo le toma. "Trato de darme dos horas antes de ver a la gente. Me gusta hacer las cosas de forma pausada", me dice. "He aprendido a tomarme mi tiempo. Puedo sentarme en la cama y pensar en lo que voy a desayunar: algo delicioso y bueno para el cuerpo, algo que realmente disfrute.

"Si hay alguna actividad importante programada para el día, me aseguro de formular muchas afirmaciones positivas al respecto, y siempre lo hago en tiempo presente, como si la situación ya estuviera ocurriendo. Por ejemplo, si tengo una entrevista, me digo: *Sé que esta es una entrevista maravillosa. Es un flujo fácil de ideas entre la otra persona y yo. La persona está muy contenta con la información que le estoy entregando. Todo ocurre de forma tranquila y sin esfuerzos, y ambos nos sentimos complacidos*".

Estoy fascinada con la habilidad de Louise para ser positiva y mantenerse siempre animada. A estas alturas hemos pasado suficiente tiempo juntas como para darme cuenta que su buena disposición es consistente. Es evidente que esta mujer vive en un mundo positivo de su propia creación. Teniendo en cuenta que esto es tan poco común, no puedo evitar preguntarme si llega a sentirse mal en alguna ocasión. Así es que tan pronto concluye la descripción de su ritual de las mañanas, le pregunto: ¿Alguna vez tienes un día malo, te levantas de mal humor o te sientes deprimida?

Louise se toma el tiempo para considerar cuidadosamente mi pregunta antes de responder. "Ya casi nunca", dice finalmente. "Llevo practicando mucho tiempo y tengo buenos hábitos establecidos. Todo es cuestión de práctica...".

Decidimos tomar un descanso pero, mientras conversamos, mantengo la grabadora encendida, por si acaso. Menos mal que lo hice. Las dos comprendemos que invitando a las personas a detenerse y a pensar cómo se comportan durante los momentos rutinarios del día —lo que se dicen a sí mismas mientras transcurren estos rituales de la vida— estamos teniendo acceso a un proceso valioso para reprogramar la mente subconsciente.

Cada día, poco a poco, profundizamos en los surcos de los pensamientos habituales que influencian directamente la calidad de nuestras vidas, según nuestros pensamientos, y lo que nos decimos de forma asidua. Cuanto más cambiamos radicalmente nuestro monólogo interno hacia un lenguaje que nos proporciona una vida mejor, más mejoran nuestras vidas. Son los pequeños rituales diarios los que nos ofrecen más oportunidades para el cambio.

"Muchas personas piensan que deben ir a algún sitio para enfocarse calmadamente en sus afirmaciones", explica Louise, "pero estamos haciendo afirmaciones todo el tiempo. Todo lo que pensamos y nos decimos es una afirmación. Debemos estar conscientes de lo que nos decimos, y en lo que pensamos todo el tiempo, para que la vida pueda mejorar".

Luego me ofrece ejemplos de preguntas que debemos considerar: "¿Qué es lo primero que te dices cuando te levantas en la mañana? ¿Qué piensas mientras estás en la ducha? ¿Mientras te rasuras? ¿Qué te dices cuando eliges tu ropa, te vistes, te maquillas o secas tu cabello? ¿Qué le dices a tu familia cuando preparas el desayuno o alistas a tus hijos para la escuela? Estos son los momentos que pueden aprovecharse para un buen uso".

En los últimos años, he madurado hasta llegar a comprender la importancia de comenzar el día de una forma más calmada e intencional. Después de cuatro años de ofrecerle ayuda y apoyo a mi esposo Michael, durante una enfermedad, terminamos completamente cambiados. Ambos logramos sentir un nuevo aprecio por la amabilidad, por ser más cariñosos con nosotros mismos y entre nosotros. Nos permitimos llevar una vida más enfocados en el confort y el cuidado personal.

Después de sufrir una especie de desgaste, que ocurre cuando se atiende a un ser amado durante mucho tiempo, ya no lograba levantarme de la cama en un santiamén y lanzarme de lleno a mi día. Durante muchos años mantuve una batalla perenne con mi lista de cosas por hacer, corriendo desesperadamente para llevarlas a cabo, y así finalmente poder relajarme y disfrutar mi vida. Ahora, me relajo y disfruto mi vida *primero.*

Escuchando a Louise describir el comienzo de su día, me llena de ideas sobre cómo continuar los cambios que ya he realizado en mis mañanas desde la época de la enfermedad de Michael. Actualmente, mi día comienza una vez que bajo las escaleras y me preparo una taza de té. Llevo la taza a mi solario con mi diario y mi lapicero favorito. Llevo un diario desde que tenía doce años, y escribir se ha convertido en un acto importante de cuidado emocional y creativo. Escribo lo primero que me llega a la mente, antes de terminar con una página de afirmaciones positivas. Esta es mi forma de dirigir mis pensamientos en la dirección apropiada para el día. Luego veo un video estimulante o leo un pasaje de un libro favorito o de una página de Internet.

Mis gustos son eclécticos, me gusta todo: desde las biografías y los libros espirituales e inspiradores, hasta las historias de interés humano y las últimas noticias sobre la salud, la ciencia y la tecnología. ¡También me encantan los videos divertidos! Estos momentos se han convertido en una parte vital de mi bienestar; es cuando puedo inspirarme de nuevo, reabastecerme y alimentarme a nivel del alma.

Al igual que Louise, he hecho lo posible para evitar citas, reuniones o conversaciones en la mañana.

Quiero estos momentos para mí misma, en los que permanezco conectada con mis propios pensamientos y emociones. He comenzado a programar las citas, el trabajo de oficina, las llamadas telefónicas y los asuntos similares después del mediodía, para que así mis mañanas queden libres para escribir y ocuparme de otros proyectos creativos. Mientras considero la posibilidad de trabajar temprano, deseo saber que tengo el espacio y el silencio para permanecer enfocada en mis prioridades principales.

Reconozco que para la mayoría de las personas es un lujo pasar la mañana de esta forma. En el pasado, cuando andaba a cien Km por hora (o cuando era empleada y debía ir a trabajar), tenía suerte si conseguía diez minutos para mí. Es que hasta diez minutos pueden marcar la diferencia.

Louise concuerda conmigo. "Necesitamos comenzar en algún lugar. Si eres una mamá o un papá ocupado, que debe preparar a los niños para la escuela, o si debes llegar temprano al trabajo, aún así es importante brindarte un poco de tiempo para comenzar tu día de la forma apropiada. Preferiría levantarme más temprano para tener este tiempo extra en la mañana. Incluso si solo te permites diez o quince minutos, está bien: es tu tiempo de cuidado personal. Esto es absolutamente necesario.

"No siempre he tenido el tiempo que teng
continúa. "Comenzamos con pequeños pasos.
te levantas, es importante seguir un ritual que te haga
sentir bien, decirte algo que te haga sentir bien. *La
Vida me ama* es un buen comienzo. Es algo cómodo
de expresar. Luego, asegúrate de que los alimentos que
desayunes te hagan sentir bien: algo delicioso y bueno
para ti. Nutre tu cuerpo con una buena alimentación
en la mañana; y nutre tu mente con pensamientos
buenos y confortables".

Justo al levantarnos, podemos usar el poder de las
afirmaciones para programar el día de la mejor forma
posible. A continuación, encontrarán unos cuantos
ejemplos de lo que pueden decir mientras transcurre
tu mañana:

Tan pronto te levantas y abres tus ojos:
Buenos días, cama, gracias por ser tan cómoda. Te amo.

Querido o querida [tu nombre], *este es un día bendito.*

*Todo está bien. Tengo tiempo para todo
lo que tengo que hacer hoy.*

Cuando te miras en el espejo del baño:
Buenos días, [tu nombre]. *Te amo.
En verdad, verdad, te amo.*

Experiencias maravillosas nos esperan hoy.

Luces de maravilla.

Tienes la mejor sonrisa.

Tu maquillaje [o cabello] luce perfecto.

Eres mi mujer [u hombre] ideal.

Vamos a pasar un día estupendo hoy.

Te quiero con toda mi alma.

En la ducha:
Amo mi cuerpo, y mi cuerpo me ama.

Es un verdadero placer tomar una ducha.

El agua se siente muy bien.

*Me siento agradecido por las personas que
diseñaron y construyeron esta ducha.*

Mi vida está llena de bendiciones.

Cuando usas el baño:
Libero con facilidad todo lo que mi cuerpo ya no necesita.

*El consumo, la asimilación y la eliminación
están en el orden divino perfecto.*

Mientras te vistes:
Me encanta mi clóset.

Es muy fácil para mí vestirme.

Siempre elijo la mejor ropa.

Me siento cómodo en mi ropa.

*Confío en mi sabiduría interior
para elegir el atuendo perfecto para mí.*

Louise advierte que comenzar el día de buena forma también puede ser divertido, y es extremadamente importante cuando tienes niños. "Las mañanas por lo general son de mucha presión y tensión entre padres e hijos. Si logramos habituarnos a hacer afirmaciones positivas con los hijos, mientras se visten o les preparamos el desayuno, no solamente programamos a toda la familia para tener un buen día, sino que también les enseñamos a nuestros hijos una herramienta de vida muy valiosa".

Recordé de inmediato a mi amiga Nancy quien transformó las mañanas de la familia de su hermana con un juego muy sencillo. Mientras Nancy hacía un pacto con su sobrino de cinco años para ver si podía dejar de chuparse el dedo hasta la siguiente visita, su sobrina decidió también participar.

La sobrina de Nancy detestaba las mañanas y se resistía a levantarse para la escuela. "Isabel se levantaba irritable y de malhumor", me dijo mi amiga, "y su terquedad creaba una cantidad enorme de estrés a toda la familia. Le pregunté qué haría falta para que se convirtiera en una niña feliz en las mañanas, y me dijo 'setenta y siete dólares'. Aproveché el momento y disimulé un nuevo ritual positivo en forma de juego, y acepté el trato".

Nancy le dijo a su sobrina que le daría los setenta y siete dólares en su siguiente visita, seis semanas después, si ella aprendía a disfrutar de las mañanas. "Le dije: 'Vas a recibir una palmadita para despertarte en la mañana, luego te vas a sentar, darle la bienvenida al día con una sonrisa y vestirte. Solo puedes sentarte a desayunar cuando estés lista para la escuela' ". Isabel estuvo de acuerdo con el juego, y el resto fue un éxito inesperado.

"Ya hace dos meses de esto, y mi hermana me dice que este nuevo ritual de la mañana ha transformado sus vidas", dijo Nancy. "Isabel se levanta a tiempo, está feliz, baja las escaleras, y se prepara para el desayuno después de solo una palmadita. Y lo más gracioso es que ni siquiera me ha pedido los setenta y siete dólares". Aunque esto puede haber comenzado como un juego, para que Isabel consiguiera algo de dinero, se convirtió en un nuevo hábito diario que ha transformado la forma de comenzar el día de toda la familia. Parece que una familia más feliz fue suficiente pago para esta niñita.

Louise es muy contundente en su creencia de trabajar con niños de esta manera. "Debemos brindarles a los niños formas de ayudarse a sentirse mejor", me dice. "Los padres pueden comenzar durante la mañana con mensajes sencillos que los niños puedan repetir, mensajes tales como: *Es muy fácil vestirme. Me encanta vestirme. Desayunar es siempre divertido. Nos da mucho gusto vernos. Nos encanta desayunar juntos. Desayunar hace que mi cuerpo se sienta bien.*

"Los padres pueden incluso pedirle a todos en la mesa que compartan algo que les encanta de ellos mismos. O pueden colocar afirmaciones en un recipiente y elegir una en la que se enfoque toda la familia durante el día. Esto puede convertirse en un ritual cada mañana para parejas, familias, compañeros de habitación, etcétera. Cada persona puede hasta decidir sobre una experiencia que les gustaría tener ese día y crear una afirmación al respecto".

Me imagino lo distinto que sería el mundo si criáramos a nuestros hijos con las destrezas para lidiar con sus pensamientos y acciones de una forma positiva. Si invirtiéramos tan solo una décima parte de la energía que ponemos en las tareas escolares, los deportes o las actividades extracurriculares para desarrollar esta destreza vital de la vida, podríamos realmente hacer un cambio en la conciencia del planeta de una forma palpable.

Al terminarse el tiempo que Louise y yo pasamos juntas en Londres, advierto lo emocionada que me siento respecto al prospecto de enfocarme más en la atención que le presto al comienzo de mi día. Le digo que me comprometo a estar más consciente de mis pensamientos y acciones desde el momento en que me levanto.

"No tenemos que realizar todos los cambios a la vez", advierte (su intuición se hace de nuevo presente, ¡sin lugar a dudas está escuchando hablar a la mujer que lo quiere conseguir todo y rápido!). "Solo elige un ritual para la mañana y comienza desde ahí. Enseguida, una vez que ese ritual va andando, elige otro y sigue practicando. No te sobrecargues. Recuerda, la idea es sentirse bien".

Y en verdad me siento bien. Al dejar la habitación del hotel de Louise, me siento muy bendecida de estar trabajando en este libro. Al contrario de algunas experiencias del pasado, cuando me sentía torturada por la presión de las fechas de entrega, o por dejar las cosas para después, en esta ocasión me siento inspirada y agradecida. Pero, ¿cómo podría ser de otra manera? Después de todo, estoy participando en una clase con una maestra famosa que sabe cómo vivir bien; excepcionalmente bien.

CAPÍTULO CUATRO

COMO VIVES TU DÍA ES COMO VIVES TU VIDA

Poco a poco se asienta el invierno, por lo general en esta temporada me siento un poco melancólica y deprimida al observar la luz desvanecerse, y el frío y el clima helado aproximarse. Pero las cosas han cambiado. Me despierto esta mañana con una sonrisa. Cuando miro a través de mi ventana, los rayos del sol inundan mis ojos, calentando mi rostro y mi cuello, y repito un ritual que comencé hace apenas unas cuantas semanas: "Gracias, querida cama, por otra noche de descanso maravilloso".

Poupon, mi gato, está a mi lado en su posición usual, acurrucado bajo mi brazo, escucha mis palabras y estira su pata para tocar mi rostro. La vida es buena. Por primera vez en mucho tiempo, me entusiasma la llegada del invierno. Anhelo ver la belleza arrebatadora de las tormentas de nieve aquí en el Nordeste, la capa de silencio que desciende sobre nuestro hogar tan pronto la nieve nos cubre con su manto, y la oportunidad de retirarme del mundanal ruido y escribir este libro.

Antes de levantarme, miro los ojos de Poupon y digo: "Sí, mi dulce ángel, hoy será un día muy, muy bueno". Estoy a punto de ir a visitar a Louise a su casa en San Diego. Un compromiso para una conferencia que surgió en último minuto, nos ha brindado la oportunidad de pasar unos cuantos días juntas. ¡Corro de un salto al siguiente paso de esta aventura!

Es un día tan cálido y soleado en San Diego, que siento como si estuviera en un mundo completamente aparte de las temperaturas bajo cero de mi casa en Massachusetts. Llevo horas viajando, y anhelo con impaciencia una taza de té y una buena comida.

El auto me deja frente a un edificio imponente en el centro de la ciudad. Cruzo el umbral, arrastrando conmigo mi equipaje, y me recibe un portero muy amistoso que me lleva al ascensor que me conduce al hogar de Louise.

Al abrirse lentamente la puerta del ascensor, me encuentro en una pequeña antesala con una decoración elegante estilo asiático y una música de cánticos tocando suavemente en el fondo. Toco el timbre y Louise me recibe con su sonrisa característica. "¡Bienvenida, querida, entra!".

Cruzo el umbral hacia otro mundo. "¿Suena siempre esa música?", pregunto, mirando hacia atrás a la antesala, intrigada por la idea de dar la bienvenida a los invitados con sonidos de cánticos melodiosos y calmantes.

"Sí", responde ella discretamente, mientras cierra la puerta con la gentileza de un monje. Me hace un gesto para que la siga, mientras observo lo que me rodea llena de fascinación. El lugar luce y se siente como un hermoso spa.

El hogar de Louise es impresionante; la vista es colosal; la decoración es resplandeciente, alegre y llena de colores audaces. Hay una pequeña fuente de agua burbujeante en la entrada, detrás de una fila de plantas verdes y exuberantes. Mientras subo una escalera muy amplia, me encuentro cara a cara con una estatua gigantesca de Quan Yin: la diosa de la compasión, la cual parece como si estuviera en su propia casa.

La sala es muy amplia, con grandes ventanales con vista al centro de San Diego y al Parque Balboa. Me dirijo de inmediato hacia un jardín de orquídeas impresionantes colocado sobre un pequeño y espectacular piano. "¡Qué maravilla!, ¿Cuánto hace que lo tienes?", pregunté. "Es hermoso".

"Fue un regalo que me dio alguien hace mucho tiempo, y lo único que he hecho es seguir reemplazando las orquídeas cuando ha sido necesario".

Observando el lugar, me doy cuenta que las orquídeas son un tema prevalente. Las veo por todas partes.

Louise me lleva a mi habitación y acordamos cenar temprano una vez que yo haya tenido tiempo para desempacar y refrescarme un poco.

Mientras me instalo en la habitación de huéspedes, pienso en los cambios que he realizado en mi rutina matutina desde mi última conversación con Louise. A mi regreso a casa, de Londres, comencé a advertir los pensamientos habituales asociados con mis labores matutinas, y me sorprendió lo mucho que aprendí sobre mí misma. Por ejemplo, una de las cosas que descubrí fue un patrón de enfocarme en los problemas durante mi ducha. Tan pronto comenzaba a lavar mi rostro o mi cabello, mi mente se dedicaba por completo a pensar en un correo electrónico difícil que debía escribir, una solicitud que debía negar, o una fecha de entrega próxima que debía cumplir. Según continuaba con mi baño, daba vueltas a la situación una y otra vez en un esfuerzo inútil por encontrar una solución para sentirme mejor. Pero lejos de eso, para cuando me estaba secando, ya estaba ansiosa pensando en lo que tenía que enfrentar durante el día.

Esta práctica me seguía de la ducha a otras labores, como cepillarme los dientes, elegir la ropa para el día o vestirme. Ese monólogo interior, sutil y negativo, que acompañaba el descubrimiento de una nueva arruga o un defecto en mi figura, a menudo se expandía hacia conversaciones más grandes en mi mente respecto al desafío de envejecer o la necesidad de perder peso. Era evidente que tenía trabajo por realizar.

La belleza de la concientización es que interrumpe un patrón. Prestarle atención a nuestras conversaciones interiores, a las cosas que nos decimos cada día, es una forma de hacernos presentes ante la verdad. Los mensajes que nos entregamos día a día hacen un surco más profundo en la mente proporcionándoles más poder. También envían energía al mundo, atrayendo hacia nosotros esas mismas cosas en las que nos enfocamos.

Una vez que me di cuenta de lo dominantes y arraigados que estaban estos hábitos de pensamiento, procedí a realizar cambios para transformarlos. Comencé a afirmar los cambios que deseaba realizar con un enfoque en el amor propio y la aceptación. Comencé a escribir, decir y colocar afirmaciones por toda mi casa; avisos que decían: *Cambiar mis pensamientos es fácil y cómodo, me encanta mejorar mi rutina matutina, y es un placer hablarme a mí misma de forma amable y amorosa.* Hasta coloqué una nota en la ducha que afirmaba: *¡Sobre mí se derraman buenos pensamientos a lo largo del día!*

Después de usar muchas de las afirmaciones, de las que Louise y yo habíamos hablado durante nuestra última conversación, advertí cambios en solo un par de semanas. Estas nuevas ideas estaban reemplazando las antiguas, y mis mañanas se volvieron más pacíficas y agradables. Estaba programando una forma de empezar el día mucho mejor, y eso me hace sentir bien…, *muy bien.*

Louise y yo decidimos ir a pie a cenar a un restaurante del vecindario. Mientras esperamos nuestra comida, la pongo al tanto sobre lo que ha estado ocurriendo en mi casa: mi nueva conciencia, y los cambios que he realizado en mi vida desde nuestra última visita.

"Está bien", me dijo. "Estás comenzando a prestar atención. Debemos estar conscientes de lo que habitualmente nos decimos durante el día. Es importante comenzar a escuchar. Si notas que te estás diciendo algo más de tres veces, probablemente lo estás diciendo muchas veces. Por ejemplo: 'Ay, mierda', podría ser un tema muy repetitivo. Si las personas toman control de sus días, toman control de sus vidas".

Ciertamente, yo misma lo estaba experimentando.

"Hablemos acerca de cómo crear el día", sugiere Louise. "Puedes comenzar prestando atención a la forma en que sales de tu casa. ¿Qué piensas o dices cuando abres la puerta para salir? ¿Qué dices al cerrar la puerta? ¿Qué te dices cuando bajas las escaleras o te subes a tu automóvil? ¿Abordas tu día con emoción y entusiasmo, o con preocupación y estrés? Cuando sales de tu casa es un momento ideal para planificar tu día, para programar lo que quieres que ocurra, en vez de dejarlo al azar".

Pienso en mis rutinas y en como ciertamente no estoy acostumbrada a programar mi día. Más bien, por lo general, atravieso la puerta y bajo las escaleras hacia el estacionamiento, enfocada en si apagué o no las luces y los equipos, o en si dejé por ahí cosas que mi gato pueda coger mientras no estoy. Cuando subo al auto, repaso una lista mental de diligencias y paradas que debo realizar para planificar una ruta que me permita evitar el tráfico.

"Usemos el momento en que conduces como ejemplo de una manera de comenzar tu día de forma diferente", propone Louise. "Primero que todo, haz que tu auto sea tu amigo. Háblale con amabilidad. A menudo le digo: 'Hola querido, cómo estás, qué gusto verte. Vamos a dar un hermoso paseo hacia la oficina'. Incluso puedes ponerle un nombre a tu auto, yo lo hago. Cuando salgo de mi casa, afirmo: *Me rodean buenos conductores,* y me aseguro de enviarle amor a todos los autos a mi alrededor. Siempre siento que hay amor por todas partes en el camino".

Louise menciona otras afirmaciones para usar cuando conducimos y rápidamente las anoto:

Mi viaje es fácil y sin esfuerzos.

Conduzco sin contratiempos y con más rapidez de la que esperaba.

Me siento cómodo en el auto.

Sé que será un paseo hermoso hacia mi oficina [escuela, tienda, o lo que sea].

Bendigo mi auto con amor.

Envío amor a todas las personas en el camino.

¡Qué forma de viajar! Escuchando las afirmaciones de Louise para cuando conduces, pienso en la idea de enviarle amor a cada persona en el camino. De nuevo, me imagino un mundo donde todo conductor lo hace.

Aunque puede parecer una idea desquiciada, no puedo evitar sentirme inspirada por una visión del futuro: un mundo en donde cada ser humano comprende su propia naturaleza espiritual y, por consiguiente, usa el poder creativo de su mente para llenar al mundo de buenas intenciones. Puesto que los pensamientos influencian la realidad, solo considera lo mucho que el planeta cambiaría. Quizá mi visión no es tan disparatada después de todo...

El reconocimiento de que lo que enviamos al mundo sí importa, que nuestra energía influye y sostiene las posibilidades, significa que bendecir a tus hijos —y a todos los niños de la escuela— una vez que los dejas en la mañana, tiene consecuencias. Enviarle amor al cartero o al cajero del supermercado, tiene consecuencias. Tener la intención de tener un excelente día con tus colegas en el trabajo, tiene consecuencias. Cada una de estas acciones sencillas y personales mantiene la promesa de hacer que el mundo sea un mejor lugar, enfocando nuestra energía en la dirección correcta.

"Hay muchas oportunidades de inundar tu mente de buenos pensamientos a lo largo del día", dice Louise. "Y puede ser algo muy sencillo. Mientras vas por tu día, sonríe y di cosas como las siguientes:

Amo mi vida.

Amo este día.

La Vida me ama.

Me encanta cuando brilla el sol.

Es maravilloso sentir el amor en mi corazón.

Todo lo que hago me proporciona alegría.

"Estos pensamientos crearán una nueva y completa experiencia para ti".

Louise y yo sugerimos otras formas de llenar el día con buenos pensamientos. Estas son algunas de las ideas que se nos ocurrieron:

En la cocina:

Louise me dice: "Siempre agradezco a mi estufa por funcionar tan bien cuando cocino". Cuando *tú* estés en la cocina, acostúmbrate a agradecer a tus electrodomésticos. Agradece a tu lavavajillas eléctrico, tu licuadora, tu tetera, tu refrigerador, etc., y usa las siguientes afirmaciones:

Hola, cocina, eres mi centro de alimentación. ¡Te aprecio!

Tú y todos tus electrodomésticos me ayudan mucho a preparar comidas deliciosas y nutritivas de una manera fácil.

Hay una gran abundancia de comida buena y sana en mi refrigerador.

Puedo preparar fácilmente una comida deliciosa y nutritiva.

Me ayudas a sentirme alegre.

Te amo.

Durante las comidas:

Teniendo en cuenta que todos debemos comer, puedes asociar afirmaciones positivas con cada comida:

Me siento muy agradecido por esta comida maravillosa.

Bendigo esta comida con amor.

Me fascina seleccionar los alimentos nutritivos y deliciosos.

Toda la familia está disfrutando de esta comida.

La hora de la comida es la hora de la risa. La risa es buena para la digestión.

Es un placer planificar comidas sanas.

A mi cuerpo le encanta la forma en que yo elijo los alimentos perfectos para cada comida.

Soy muy afortunado de poder seleccionar alimentos sanos para mi familia.

Todos nos sentimos muy bien alimentados en preparación para el día que comienza.

En esta casa, todas nuestras comidas son armoniosas.

Nos reunimos con mucha alegría y amor.

La hora de la comida es una hora feliz.

A los niños les encanta probar comida nueva.

Mi cuerpo se sana y se fortalece con cada bocado.

Mientras lavas la ropa:

Elige tres o cuatro de tus afirmaciones favoritas de este libro, pégalas en la lavadora y en la secadora, y repítelas mientras lavas la ropa.

A lo largo del día:

Toma treinta segundos para relajar tus hombros y cierra tus ojos. Inhala profundamente a través de tu nariz mientras cuentas hasta cuatro. Sostén tu aliento durante dos tiempos y luego exhala lentamente a través de tu boca en cuatro tiempos. Termina abriendo tus ojos y enviando pensamientos amorosos a alguien.

Además, acostúmbrate a preguntarte dos cosas durante el día: *¿Cómo puedo hacerme feliz en este momento?* y *¿Qué pensamientos me brindan alegría?*

En la computadora:

Convierte las contraseñas de tu computadora en afirmaciones positivas. Le cuento a Louise la historia de un amigo que comenzó a hacer esto después de pasar por un divorcio muy difícil. Se dio cuenta que muchas de sus contraseñas estaban asociadas con su ex esposa por lo que decidió cambiarlas por mensajes empoderadores. Solo imagínate lo bien que te sentirías si inicias la sesión con algo así como "adorolavida" como contraseña.

"También puedes usar afirmaciones para aprender algo nuevo o para trabajar en un área particular de tu vida", añade Louise. "Hace años recuerdo haber colocado letreros con afirmaciones como: *Prospero en todo lo que hago,* y *Mis ingresos están constantemente incrementando.* Soy una persona muy visual, y me encantaba verlos todos los días. Después de un tiempo se convirtieron en realidad".

¿Entonces debemos incluir afirmaciones en donde podamos?

"Siempre hay tiempo para una afirmación", dice guiñando el ojo. "Hasta tengo una frente al inodoro que dice: *Bendigo y le deseo prosperidad a todas las personas del mundo, y todas las personas del mundo me bendicen y me desean prosperidad*. Hace mucho tiempo que la tengo ahí".

Louise y yo disfrutamos de una cena tranquila y, cuando terminamos, caminamos a casa y decidimos retirarnos temprano.

Me despierto sintiéndome descansada, me dirijo a la cocina a prepararme una taza de té mientras recito unas cuantas afirmaciones en silencio. Me siento en un sofá de la sala, esperando que el sol salga detrás de una cordillera que veo en la distancia. Advierto lo cómodo que es este lugar.

Un poco después, Louise baja las escaleras con uno de los libros que siempre mantiene al lado de su cama: *A Deep Breath of Life* de Alan Cohen. Me lo entrega diciendo: "Este es el libro que te mencioné la última vez que hablamos. Dale un vistazo". Cuando estoy a punto de abrir la primera página, me instruye: "Abre una página al azar y mira lo que el libro tiene para ti". Enseguida se va.

Cierro mis ojos, respiro profundo y abro una página del medio. Siento un escalofrío inmediato cuando leo el título del pasaje diario: "Un lugar para Dios". El tema trata de establecer un altar en tu hogar: un lugar donde la presencia de Dios pueda ser recordada y honrada.

Quedo atónita por el momento de sincronismo. El último mes le había comentado a mi esposo la idea de erigir un altar en una habitación pequeña de nuestra casa, algo que realmente extraño desde que nos mudamos del lugar donde vivíamos antes. Veo el pasaje en el libro de Alan como una señal clara de que debo convertir esto en una prioridad.

Me reúno con Louise en la isla de su cocina y le comento acerca de las diferentes áreas para sentarse que hay en su apartamento. "Es importante prestar atención a la forma en que diseñamos nuestra casa o nuestro ambiente de trabajo, donde pasamos la mayor parte de nuestro tiempo", explica. "Me encanta tener diferentes lugares donde sentarme, y me encanta ver la variedad de paisajes. Tengo una silla reclinable en mi habitación para leer y una banca fija en la ventana para pensar. Me aseguro de tener dónde sentarme en el jardín, la cocina, la sala y mi habitación. Incluso me aseguro de tener un lugar cómodo donde sentarme cuando trabajo con mi asistente, Shelley, en su oficina".

Es evidente que Louise programa las cosas en su vida con intención *y* atención a los detalles. Durante años aprendí a tolerar mi ambiente porque sentí que no podía costear el cambio, o porque estaba tan exhausta y abrumada que no tenía energía para hacerlo. Al comienzo de mi capacitación como entrenadora de vida, mi primer mentor enfatizó la importancia de vivir y trabajar en un ambiente que me incentivara. Fue en ese momento que comencé a considerar seriamente la idea. Eliminé el desorden, mantuve mi hogar y oficina limpios y organizados, y eliminé todo lo que no me gustaba ni necesitaba.

No obstante, observar la atención al detalle de Louise —asegurándose de que cada vista fuera agradable ya sea desde su escritorio o desde la mesa de su cocina, por ejemplo— lleva esta idea a otro nivel. Algunas veces, lo único que hace falta es un pequeño cambio para enviarte un mensaje importante que dice: "Te amo y me importan tus necesidades".

Louise me lleva en un recorrido por el segundo piso de su casa donde están localizadas las oficinas. Cuando entro a la suya, veo afirmaciones colocadas estratégicamente alrededor de su escritorio y encuentro lo que parece un espejo de maquillaje sujeto a una lámpara plegada al lado de su computadora. "¿Es ahí donde te maquillas?", pregunto.

Louise se da la vuelta y me mira un poco sorprendida. "No, ¿por qué me maquillaría en mi escritorio? Es un espejo de trabajo, los tengo alrededor de toda la casa para decirme mensajes positivos a mí misma durante el día".

En contadas ocasiones podría uno pasar por un prolongado momento de vergüenza en compañía de Louise. Su forma de ser amorosa e imparcial hace que sea imposible que uno se sienta ridículo durante mucho tiempo. Entonces, sintiéndome solamente un poco tonta, le pido que me hable más de la forma en que usa sus espejos.

"El trabajo de los espejos es muy, muy importante", responde. "Solamente se toma un segundo decir: 'Hola cariño' o 'Qué bien te ves' o '¡Qué divertido!'. Es *muy* importante darte pequeños mensajes a lo largo del día. Cuanto más usamos espejos para alabarnos, aprobarnos, o apoyarnos durante momentos difíciles, más desarrollamos una relación profunda y alegre con nosotros mismos. El espejo debe convertirse en un compañero, en un amigo en vez de un enemigo".

Recuerdo la época en que la idea de convertirte en tu mejor amigo sonaba como un lema inspirador tonto, pero ahora sé que es crucial que lo hagamos. La mayoría de nosotros somos muy duros con nosotros mismos. Cuando observo en retrospectiva mi propia vida, puedo ver que durante años cometí el error de creer que podía verdaderamente motivarme a realizar cambios positivos en mi vida usando la mentalidad obsoleta de "golpearme duro para lograrlo". Ahora observo esto como lo que realmente es: una forma de reforzar creencias limitantes que nos mantienen atemo-rizados y estancados.

Desde que comencé a incorporar el trabajo de los espejos en mi vida, he aprendido una lección valiosa de lo que significa defenderme por mi misma en cual-quier situación. Durante los últimos años, el hábito de observarme en un espejo y hablarme a mí misma de una forma amable, amorosa y solidaria ha creado un enorme impacto en mi relación conmigo misma. He llegado a saber —*a ciencia cierta*— que dentro de mí tengo una amiga fiel, y que cuento conmigo no importa lo que haga, incluidos todos los errores que pueda cometer. Esta práctica me ha brindado la libertad de salir de mi zona de confort y expandir mi vida de formas novedosas y emocionantes.

"Cuando algo bueno ocurre en tu vida, deseas ir al espejo y decir: 'Gracias, gracias. ¡Es maravilloso! Gra-cias por haber hecho esto'", prosigue Louise. "O si algo terrible te ocurre, deseas mirarte al espejo y decir: 'Está bien, te amo. Esto pasará, pero te amo, y este amor es eterno'. Necesitamos apoyarnos con nuestras palabras en vez de destrozarnos. Nos hacemos mucho daño demasiadas veces, lo que escuchamos es la voz de otra persona cuando éramos niños".

Así es, la voz de la "autoridad paterna interiori-zada"; los guardianes de las figuras de autoridad de nuestro pasado que proyectaban sobre nosotros su propio miedo o su odio hacia ellos mismos. Muchos de nosotros crecimos escuchando las cosas que no hacíamos bien, por ejemplo, o nos enseñaron a protegernos a nosotros mismos minimizando nuestros talentos y dones para evitar que nos dijeran: "Te estás volviendo un presumido". La práctica de promover el crecimiento con el criticismo constante es universal, y hemos terminado aceptando estas duras voces como si fueran las nuestras. Dicho sea de paso, nuestros padres hicieron lo mismo. Las voces críticas son generacionales, y la verdad es que al escucharlas y obedecerlas, dejamos de expresar nuestro pleno potencial.

"Esta es la razón por la que debes ser tu mejor porrista", dice Louise. "No puedes esperar que otras personas lo hagan por ti. Si tú mismo te animas, es más fácil intentar nuevas cosas".

Después de nuestra lección con el espejo, Louise me lleva al primer piso, en donde continuamos nuestra conversación acerca de tomar control de nuestro día. Tomo mi grabadora y mi computadora portátil, y las coloco sobre la isla de la cocina donde puedo observar a Louise mientras prepara el desayuno. Me gustaría hablar sobre cómo llevar nuestra conciencia y buenas intenciones al trabajo. Después de todo, la mayoría de nosotros pasamos la mayor parte de nuestras vidas en ese lugar. Y es ahí donde se nos ofrecen una gran cantidad de oportunidades para enfrentar los pensamientos negativos y para practicar los pensamientos y las acciones que nos hacen sentir bien. Resulta que Louise tiene mucho que decir al respecto.

"Hace años escribí un ensayo que trataba el tema de bendecir nuestro trabajo, y ahí compartí algunas de las cosas positivas que las personas pueden hacer para sentirse mejor con su empleo", me dice. "A través de los años he visto a muchas personas mejorar la calidad de su trabajo diario independientemente de si se sentían estancadas, aburridas, frustradas o poco apreciadas.

"*La herramienta más poderosa que puedo compartir contigo para transformar cualquier situación es el poder de bendecir con amor*", enfatiza. "No importa el lugar donde trabajas, o cómo te sientas al respecto, bendícelo con amor. Me refiero a hacerlo de forma literal. No solamente debes tener pensamientos positivos de una forma vaga. Más bien, di: 'Bendigo este empleo con amor'. Encuentra un sitio donde puedas decirlo en voz alta, hay mucho poder en darle voz al amor. Y no te detengas ahí. Bendice con amor todas las cosas de tu lugar de trabajo: los equipos, los muebles, la maquinaria, los productos, los clientes, las personas con las que trabajas y para quiénes trabajas, en resumen, todo lo asociado con tu empleo. Funciona de maravilla".

Me tomo un momento para considerar lo que bendigo en mi propia oficina, las pequeñas cosas que me son útiles todos los días: mi escritorio favorito, mi computadora, la hermosa ventana que enmarca una vista de igual belleza, los lapiceros que utilizo para escribir durante el día. Luego pienso en las cosas más importantes: mis asistentes, Chris y Nicole, mujeres amables y amorosas; mi querida contadora, Robin, que maneja cada detalle con gracia y facilidad; y Terry, la administradora de mi página de Internet, que es toda una maestra en lo que hace. Me siento afortunada de trabajar en colaboración con personas que respeto y admiro porque sé por experiencia que las relaciones laborales suponen un completo desafío. A través de los años, he recibido miles de solicitudes de ayuda para tratar con colegas, empleados o jefes descontentos; por eso le pido a Louise que comparta conmigo sus ideas acerca de estas relaciones.

"Si estás pasando por un momento difícil con alguien en el trabajo, puedes usar tu mente para cambiar esa situación", responde. "Las afirmaciones funcionan muy bien en este caso. Intenta decir: *Tengo una relación maravillosa con todos mis compañeros en el trabajo, incluyendo a* _____. Cada vez que te venga a la mente el nombre de esa persona, repite la afirmación. Camino a tu trabajo, afirma cosas como:

Estoy rodeado de colegas maravillosos. Es un placer trabajar con todos mis colegas; o Nos divertimos trabajando juntos. No importa lo que ocurra, tú lo sigues diciendo. Y cuando te descubras diciendo algo distinto, detente y di: 'No, no, no, tengo una relación maravillosa con todos mis compañeros de trabajo'. Cada vez que pienses en ellos, especialmente en las personas con quienes tienes problemas, enfócate en lo que ellos hacen bien en vez de en lo que hacen mal. Te sorprenderá ver cómo mejora la relación. He visto cosas que ni siquiera te puedes imaginar. Solo expresa las palabras, y deja que el Universo se encargue de los detalles".

Le pregunto a Louise si se le ocurre una historia de su propia vida que pueda demostrar este tipo de milagros, respecto a buenas relaciones con compañeros de trabajo. Ella ya tenía lista una gran historia.

"Hace unos años, recuerdo que tenía un cliente llamado George, a quien le habían ofrecido un nuevo empleo como pianista en un club nocturno. Durante nuestro primer encuentro, me dijo: 'Me siento muy emocionado con mi nuevo empleo, pero el único problema es que el jefe tiene una reputación terrible con los empleados. Todos le temen. Se le esconden y algunas personalmente me han dicho que lo odian. Me pregunto qué voy a hacer'.

"Le dije entonces: 'Está bien, primero que todo, mientras camines hacia el edificio, bendícelo con amor. Si hay ascensores o puertas, bendíeelos con amor. Si tienes un camerino, bendícelo con amor. Bendice todo el sitio con amor, incluyendo cada empleado, y afirma que tienes una relación absolutamente maravillosa con tu jefe. Sigue afirmando: *Tengo una relación maravillosa con mi jefe*. Y cada vez que salgas del sitio, sigue bendiciéndolo con amor'.

"Al cabo de seis semanas vino a verme y me dijo: 'Todo el mundo está sorprendido. El jefe realmente me aprecia. Siempre viene a decirme: "Hola George, ¿cómo te va? Estás haciendo un trabajo maravilloso". Incluso de vez en cuando me entrega billetes de veinte dólares [lo cual era mucho dinero en esa época]. Los demás empleados están atónitos. Se pasan preguntándome: "¿Qué diablos estás haciendo?"'.

"Como ves, a George le funcionó. El jefe era desagradable con todos menos con él".

Escuchando a Louise contar su historia, comprendo que este es un buen ejemplo de lo fácil que es dejarse coaccionar por las historias ajenas. Al igual que George, muchos de nosotros nos aventuramos a algo nuevo: un empleo, un vecindario, un grupo de voluntarios, o una clase, y nos apropiamos de las historias de las personas con las que nos reunimos en vez de programar el tipo de experiencias que desearíamos tener.

Tal como explica Louise: "Algunas veces, nos llevamos nuestra historia con nosotros. Si odias el trabajo que tienes ahora, por ejemplo, corres el riesgo de que lleves ese odio contigo cuando consigas uno nuevo. Por muy bueno que el nuevo trabajo sea, pronto descubrirás que también lo detestas. Los sentimientos o pensamientos que llevas contigo ahora, los llevarás a ese nuevo lugar. *Si vives en un mundo descontento, encontrarás descontento donde quiera que vayas. Solamente cambiando tu conciencia, comenzarás a ver resultados positivos en tu vida.*

"Si detestas con todas sus fuerzas tu empleo actual, intenta esta afirmación: *Siempre me encanta el lugar donde trabajo. Tengo los mejores empleos. Siempre me siento apreciado.* Si lo haces, cuando aparezca un nuevo empleo, será bueno para ti y lograrás realmente disfrutarlo. Al afirmar esto continuamente, crearás una nueva ley personal para ti, y el Universo responderá de forma similar. Las cosas similares se atraen entre sí, y la Vida siempre buscará formas para brindarte todo lo bueno, si lo permites.

"Si quieres conseguir un nuevo empleo, entonces, además de bendecir tu empleo actual, intenta esta afirmación: *Libero este empleo para la siguiente persona, a quien le encantará estar aquí.* Ese empleo en particular era ideal para ti en el momento en que lo conseguiste. Ahora tu sentido de valor propio se ha incrementado, y estás listo para conseguir algo mejor. Tus afirmaciones son:

Acepto un empleo donde utilice todos
mis talentos y habilidades creativas.

Este empleo me satisface por completo y es un
placer para mí ir al trabajo cada día.

Trabajo para personas que me aprecian.

El lugar donde trabajo es tranquilo, luminoso y fresco;
y está lleno de sentimientos entusiastas.

Mi nuevo empleo está en el sitio perfecto y tengo un buen
salario, por lo cual me siento profundamente agradecido".

¿Entonces nos colocamos en una buena situación haciéndolo primero en nuestras mentes?

"Sí, deseas ser la persona que practica afirmaciones positivas y escucha a amigos que tienen problemas, en vez de ser tú el amigo que *tiene* los problemas. Te estás colocando en experiencias de vida con cada pensamiento que tienes, y una vez que lo comprendes, puedes hacer mucho más con tu vida".

Decidimos tomar un descanso, pues debemos prepararnos para nuestro día. Vamos a ir a las oficinas principales de Hay House en Carlsbad, justo al norte de San Diego, para una comida de negocios y visitar a los empleados.

Louise y yo caminamos hacia el garaje donde está su automóvil. Al sentarme del lado del pasajero, sonrío cuando leo una afirmación colocada en la consola: *Sonríe con tu hígado.* Por un momento me imagino una carita feliz amarilla y gigantesca pegada en mi hígado, manteniéndolo feliz y saludable.

Camino a Hay House, le doy un giro a la conversación pasando de ser empleado a ser jefe. Me pregunto las formas para impactar de manera positiva el lugar de trabajo cuando eres tú quien lleva la batuta.

"Si eres jefe o el patrón, es muy importante agradecer a tus empleados", me dice. "A la gente le encanta recibir pequeñas notas de vez en cuando, un abrazo, o algún reconocimiento de un trabajo bien hecho. Hace que todos se sientan bien".

¿Quieres decir que la vieja idea de "gobernar con mano dura" no funciona?, pregunto simulando seriedad.

"¡Jamás! No entiendo a los jefes que piensan que si les gritan a sus empleados, harán un mejor trabajo. No lo harán, porque entonces sentirán temor o resentimiento, y nadie puede realizar un buen trabajo cuando se siente así. Si eres jefe, debes estar consciente de lo que le estás haciendo a tus empleados. '¡Pues haré que trabajen más duro!'. Eso no hace que la gente trabaje más duro, sino que trabajen atemorizados".

Es obvio para mí que a Louise le interesan profundamente las personas que trabajan para su compañía. Cuando llegamos a la oficina, una de las primeras cosas que ha planificado hacer es participar en un video de agradecimiento para un empleado que está dejando Hay House después de muchos años de servicio. Le pregunto qué va a decir.

"Tengo la intención de decir: 'Te amamos. Deseamos que salgas de aquí y tengas una vida fabulosa. Gracias por haber estado aquí. Fuiste realmente servicial. Sigue adelante y que tengas aventuras como jamás las has tenido antes'", responde. "Cuando escribo notas, digo con mucha frecuencia lo siguiente: *Que tu vida siga desarrollándose y expandiéndose*".

¿Quién no se sentiría lleno de energía o apreciado y confiado con este tipo de mensajes de parte de un jefe? ¿Quién no desearía trabajar duro y contribuir con el éxito de la compañía? Los comentarios positivos constantes son raros en un trabajo. Muchos de nosotros jamás recibimos comentarios positivos cuando niños, y por eso ni siquiera se nos ocurre hacerlo ahora de adultos.

Mi primer entrenador de vida era un apasionado en el reconocimiento a los clientes. Me pidió que colocara varias fichas de 7 × 12 cm por toda mi oficina con las palabras: *¡Apoya! ¡Apoya! ¡Apoya!* Su idea era que yo tuviera un recordatorio constante de ser toda una campeona secundando la fortaleza y el éxito de mis clientes. Evidentemente, es una habilidad que debe desarrollarse y practicarse, en especial por aquellos que están al mando. Ellos tienen mucho que ganar con este tipo de hábitos diarios.

Volviendo a Hay House, Louise me lleva en un recorrido por las instalaciones, y me da gusto ver los rostros de los hombres y las mujeres con quienes trabajo, la mayoría de los cuales solo conozco por teléfono o correo electrónico. Hay muchas personas buenas en esta compañía que se interesan por los productos que le entregan al mundo: libros, eventos, programas en línea, películas y otras herramientas, que tienen un impacto tan grande y tan positivo en sus clientes, que son capaces de transformar sus vidas.

Durante la tarde, mientras Louise y yo participamos en diferentes reuniones y conversaciones, ella mantiene una actitud positiva y animada. Todavía no puedo creer la cantidad de energía que tiene ¡a sus 84 años de edad!

Al final de nuestro día, me detengo para despedirme de mi equipo de producción en Hay House Radio. Sus oficinas están localizadas al lado del área de recepción del edificio, entretanto espero a Louise con quien debo encontrarme en la puerta principal.

Mientras la espero, justo en el interior del estudio, la veo venir doblando la esquina en una conversación profunda con un empleado: un joven que parecía tener menos de 35 años. Cuando terminaron de conversar, la observo abrazarlo y decirle "Te amo". Muevo mi cabeza totalmente fascinada: *¿Qué jefe hace eso en una empresa en los Estados Unidos?*

Una vez terminado el trabajo, el regreso a casa posee sus propios patrones de pensamiento. Por lo tanto, camino al hogar de Louise, ella completa nuestro plan diario. "Una vez más, debemos preguntarnos: ¿Cómo me siento cuando regreso a casa? ¿Cómo me siento cuando veo a mi pareja, a mis hijos o a mis compañeros de habitación?

"Recuerdo, hace algún tiempo, a una amiga que solía recibir a su esposo con el último desastre. Mientras la observaba, pensaba: *¿Por qué haces eso?* Cuando estaba casada, siempre me aseguraba de que cuando mi esposo cruzara la puerta, lo recibiera con un beso y un abrazo y con una actitud de bienvenida. Por el contrario, mi amiga recibía a su esposo con malas noticias: el inodoro no funcionaba o los niños habían estado fuera de sus cabales. Ahora bien, esas noticias podrían haber esperado ochenta segundos, pudiendo decirlas después de: 'Hola, cariño, te amo. ¿Cómo fue tu día?'".

Similar a cuando salimos de casa en la mañana, deseamos ser conscientes de los pensamientos que tenemos cuando regresamos a ella. Tómate un segundo para preguntarte: *¿Cómo me siento cuando estaciono mi automóvil en casa? ¿Cómo me siento cuando cruzo la puerta? ¿Qué es lo primero que le digo a los demás o a mí mismo cuando entro?*

Por supuesto, Louise tiene algunas afirmaciones para cuando te acercas a la puerta:

Buenas tardes, casa, estoy de regreso.

Me encanta estar aquí. Te amo.

Pasemos una tarde fantástica juntos.

Anhelo ver a mi familia.

Pasamos una noche encantadora.

Los chicos hacen sus tareas en un santiamén.

Parece muy fácil preparar la cena.

"¿Te sientes entusiasmado ante la idea de llegar en la noche a tu casa?", continúa Louise. "Si es así, ¿por qué? Si no es así, ¿por qué no? ¿En qué estás pensando cuando preparas la cena o cuando recoges comida para llevar? ¿Es la cena para ti un evento agradable o es algo que te frustra o te hace sentir irritable? ¿Buscas la peor comida posible, comida rápida o procesada, o comida para nutrirte? ¿Qué te dices cuando estás limpiando la casa? ¿Esperas con ansia irte a la cama?".

Sonrío cuando escucho la última pregunta. Siempre espero con placer irme a la cama. Una vez que termino mi trabajo, recojo mi escritorio, planifico mi siguiente mañana y cierro la puerta. Es importante tener un cierre nítido y transparente en el día de trabajo.

Cuando llega la hora de dormir, considero mi habitación como mi santuario: un lugar de rejuvenecimiento y sanación. Cuando alguien me pregunta mi secreto del éxito, una buena noche de sueño siempre está cerca de las primeras cosas de mi lista. Me nutro de mi sueño, por lo menos ocho horas cada noche, y me he comprometido a honrar lo que mi cuerpo necesita para tener un buen descanso.

Utilizo unas cuantas normas muy sencillas para obtener la cantidad de sueño que necesito:

- Ir a la cama a la misma hora (una hora

razonable) todas las noches.

- Mantener la televisión fuera de la habitación.

- Asegurarme de que la habitación esté a oscuras y un poco fresca.

- No consumir ningún alimento ni cafeína por lo menos tres o cuatro horas antes de dormir.

- Usar sábanas suaves y cómodas.

- Calentar la cama con una cobija eléctrica (apagando y desconectando la cobija antes de dormir).

- Leer un buen libro hasta empezar a sentirme soñolienta.

Admito ante Louise que a pesar de que normalmente mantengo todos mis aparatos eléctricos fuera de la habitación, de vez en cuando me dejo llevar por una historia en las noticias y termino leyendo al respecto en mi teléfono, en la cama. Su reacción es inmediata: "¡No, no, no! Leer las noticias justo antes de dormir hace que te lleves todo ese negativismo al mundo de tus sueños. ¡Estoy completamente en contra de que las personas vean o lean las noticias en la cama!".

Pero le digo que prefiero leer las noticias en el Internet, de sitios donde pueda supervisar lo que quiero ver. Soy una persona muy sensible, y no me gustan las noticias o historias violentas que me hacen sentir impotente o me perturban.

"No me importa de qué se traten las noticias", me interrumpe Louise. "Debes tener mucho cuidado de lo que pones en tu conciencia antes de acostarse. Soy muy firme con esto".

Una vez más, recuerdo que el cuidado personal apropiado comienza cuidando tus pensamientos. Es muy fácil ignorar o minimizar los hábitos ocasionales que pueden poner en riesgo nuestra salud emocional o mental. Escuchar la pasión que Louise manifiesta respecto a exponernos a las noticias antes de acostarnos me convence que debo dejar de leerlas en ese preciso instante. De ahora en adelante, me quedaré con mi costumbre de colocar mi atención en un buen libro.

"Me encanta leer historias que conmueven mi corazón, historias de interés humano o algo que me inspire", dice. "Leer para mí es más importante que cualquier otra cosa. De todas maneras, yo no veo mucha televisión. Para mí, la televisión es algo moderno, no es algo con lo que crecí.

"Con frecuencia escucho discos compactos de meditación antes de ir a la cama, e incluso me puedo quedar dormida escuchándolos a bajo volumen. Por lo general, bendigo y agradezco el día por lo que he logrado. Luego saludo mi cama y me preparo para dormir. Algunas veces reviso mi día en mi mente, pero no siempre. El día ya terminó".

En preparación para cerrar el día, y para terminar el tema de vivir de forma más consciente durante el día, le pregunto a Louise si realiza algún tipo de ritual justo antes de quedarse dormida.

"Respiro profundamente varias veces mientras cierro mis ojos. Luego al inhalar, digo: 'La Vida', y al exhalar el aire, digo: 'me ama'. Repito esto varias veces mientras me quedo dormida: *'La Vida me ama, la Vida me ama, la Vida me ama'*".

Indudablemente, un gran final...

CAPÍTULO CINCO

No rompas un hábito: ¡disuélvelo!

Estamos perdidos.

Mi esposo Michael y yo vamos camino al "Wizarding World of Harry Potter" en Orlando, Florida, con nuestra buena amiga Ileen. El fin de semana voy a dar una conferencia en un lugar cercano, lo que me brinda la oportunidad de encontrarme con Louise. Y decidimos escabullirnos los tres y pasar el día divirtiendo a nuestros niños interiores antes de que comience la conferencia.

El viaje está tomando mucho más tiempo de lo que calculamos, nos estamos quedando sin combustible: literal y emocionalmente. Se nos hizo tarde por esperar el papeleo del auto rentado y solo nos quedan unas horas antes de que el parque cierre. Cuando Michael, Ileen y yo finalmente llegamos, cruzamos el portón de la entrada principal y tratamos de seguir las direcciones hacia el estacionamiento. Las señales son confusas, y mi esposo y yo discutimos brevemente acerca del camino que debemos tomar. Le indico la ruta a seguir esperando tener la razón, y tan pronto giramos, es obvio que no la tengo. Luego, conscientes del tanque casi vacío de gasolina, regresamos a la carretera, alejándonos del parque y sin divisar forma alguna de dar la vuelta (ni una estación de gasolina). En este punto, Michael y yo estamos molestos el uno con el otro, pero somos demasiado educados para decir algo en compañía de nuestra amiga.

La tensión de la ira reprimida queda suspendida como una cortina pesada entre nosotros mientras mi ego se adueña firmemente de la situación. *Sé que indiqué la dirección correcta, lo que pasa es que las señales eran confusas. Si Michael hubiera prestado atención, no estaríamos pasando por este desastre. Él siempre espera que yo tome las decisiones. ¿Por qué no tomó él mismo la decisión?* Seguí y seguí dándole vueltas mentalmente a la situación hasta el mínimo detalle. Estoy convencida de que tengo la razón. Al mismo tiempo, conozco lo suficientemente bien a Michael para saber que debe estar dándose cabezazos en su mente por no haber confiado en su instinto y no haber dado la vuelta donde sabía que debía haberla dado. Ileen, dando muestra de su inteligencia característica, está completamente muda en el asiento trasero, esperando pacientemente que desenredemos este lío.

Sentada allí, y furiosa, recuerdo a Louise y las conversaciones que hemos tenido respecto a elegir buenos pensamientos. Por una fracción de segundo, una puerta se abre intempestivamente en mi mente y veo un rayo de luz. Considero un enfoque distinto. En vez de tratar de arreglar lo imposible discutiendo sobre quién hizo qué (una práctica que nos hizo notar a Michael y a mí un terapeuta muy bueno hace un tiempo), corro un riesgo. Estiro mi mano para colocarla sobre la de Michael y le envío mentalmente amor. No digo una sola palabra, pero tampoco él quita su mano.

Miro fija al camino y visualizo amor fluyendo de una Fuente Divina a través de mi cuerpo, de mi mano a la suya y luego hacia su corazón. Mantengo esta práctica durante varios minutos, hasta sentir cómo se suaviza la energía de Michael. Mientras sigo enviándole amor, advierto algo interesante. Yo también siento amor. En vez de sentirme llena de ira por haber dado el giro equivocado, de repente estoy más preocupada por mi esposo. Mi corazón se suaviza mientras me imagino lo mal que él debe estar sintiéndose con él mismo. ¿Por qué querría yo que sintiera más dolor encima de eso?

Mientras le envío amor a Michael, puedo sentir cómo se relajan sus defensas..., y antes de darme cuenta, llegamos a una estación de gasolina y a un sitio para dar la vuelta. Media hora después, mientras entramos en el parque, nos estamos riendo y haciendo bromas, listos para encontrarnos con Muggles, los magos, y —¿quién sabe?—, quizá hasta el mismísimo Harry Potter.

Cuando tengo mi próxima reunión con Louise, le comparto mi historia de Harry Potter. Le digo que todavía sigo sorprendida de que algo tan sencillo pueda tener un efecto tan profundo en nuestro día. Muchas veces, en medio de una discusión tonta (o algunas veces no tan tonta), he llegado a pensar en abandonar mis defensas y escuchar con amor, pero siempre pensaba que era algo ilógico, algo así como darme por vencida. Después de todo, mi ego es todo un maestro en racionalizar una posición. ¿Por qué admitir una derrota cuando no he hecho nada malo? ¿Es acaso enviar amor una forma de ignorar el problema? ¿Y cómo vamos a provocar oportunidades de cambio para crecer si no estamos dispuestos a defender nuestra posición cuando sabemos que es la correcta?

"El ego tiene un solo plan", me dice ahora Louise. "Quiere tener la razón y tiene el hábito de intentar justificar su posición. Busca un ángulo donde la otra persona esté claramente equivocada. Es una idea muy simple la de creer que enfocarse en un resultado positivo, o añadir amor a una situación, puede funcionar, pero sí funciona. En tu caso, en vez de afirmar el problema continuando con tus quejas o discusiones, sonreíste internamente, le enviaste amor a tu esposo, ¡y descubriste que funciona!".

Aunque yo estaba consciente de la resistencia que sentía de ceder ante mi ego, tuve que admitir que Louise estaba en lo cierto. *Sí* funcionó.

"Con mucha frecuencia pensamos que debemos escudriñar todo lo que podamos de un problema para resolverlo", continúa. "Deseamos encontrar una solución, *¡ahora mismo!* Ya no me gusta lidiar con los problemas de esa forma. Cuanto más puedas alejarte de un problema, más rápido llega la solución. Es por eso que me encanta la afirmación: *Todo está bien. Todo está funcionando para mi mayor beneficio. De esta situación, solo saldrán cosas buenas. Me siento segura.* Te anima por completo y te saca del problema llevándote al lugar donde están las soluciones. En este lugar, no le estás diciendo a la Vida cómo crear la solución: solo estás afirmando que funciona para todos.

"Tu situación con Michael en el auto es un ejemplo maravilloso porque tuviste que hacer muy poco. Podrías haber discutido con él durante el resto del día y ambos se hubieran sentido terrible".

No te quepa duda. Y la verdad es que, en realidad, atraemos a nuestra relación los cambios positivos cuando actuamos con suavidad y estamos abiertos a la comunicación. En efecto, después, esa noche, cuando Michael y yo regresamos al hotel después de ir al parque, pudimos hablar de la situación de forma calmada y constructiva. A través de los años, hemos aprendido que cuando estamos a la defensiva, no hay comunicación. No hay nada. Cero. Ninguna oportunidad. También hemos aprendido que es importante dejar ir algunas cosas tan pronto las hemos trabajado juntos de forma amorosa. Traer la situación una y otra vez, o quejarse al respecto después de haber ocurrido, es una invitación a más problemas.

"Cuando un problema ha sido resuelto, debemos recordar que ya se ha ido", explica Louise. "Es cosa del pasado. *No debemos excavar en el pasado para sentirnos miserables en el presente.* La idea no es convertirnos en personas quejumbrosas. Las personas que se quejan mucho son verdaderamente insoportables para todos los que están a su alrededor. No solo eso, sino que además le están haciendo un gran daño a su propio mundo. Antes de verbalizar una queja, tendemos a repetirla en nuestra mente varias veces, docenas de veces, varias docenas de veces, docenas y docenas de veces. Eso depende de nuestros hábitos".

En este momento, me sobrecojo pensando en la cantidad de energía que he gastado a lo largo de los años quejándome de todo, desde lo ocupada que estaba hasta lo que Michael hacía o no hacía. Antes de comprender el poder de mis propios pensamientos, permití que mi "quejosa interior", una chica crónicamente contrariada, le diera rienda suelta a mi mente y a mi boca. Ella renegaba constantemente acerca de las mismas cosas, una y otra vez, como si lamentándose pudiera mejorar algo.

"La mayoría de las personas han creado el hábito de quejarse de una manera continua en sus mentes", me dice Louise. "Cada vez que lo hacemos es una afirmación, una afirmación muy negativa. Cuanto más nos quejamos, más encontramos cosas para quejarnos. La Vida siempre nos da las cosas en las que nos concentramos. Cuanto más nos concentramos en lo que está mal en nuestras vidas, más cosas malas encontramos. Cuanto más cosas malas encontramos, más miserables nos sentimos. Es un círculo vicioso. Nos convertimos en víctimas constantes de la Vida".

Agrego que es en ese momento que sentimos que estamos completamente estancados. Una vez más debemos regresar al puesto del conductor y tomar el control de nuestros pensamientos.

"Así es. La única persona que puede detener esta avalancha negativa es la persona que se está quejando. Pero primero es necesario reconocer *qué* están haciendo. Segundo, deben reconocer *cuándo* lo están haciendo. Solo cuando reconocemos que estamos diciendo una afirmación negativa, podemos realizar el cambio. Cuando las personas abandonan este hábito autodestructivo, observan cómo pasan de ser víctimas a ser creadores conscientes de sus vidas.

"Sea cual sea el hábito que deseamos disolver, quejarnos o cualquier otra cosa, es siempre el mismo proceso. Advierte que dije *disolver,* no *romper.* Cuando rompemos algo, las piezas quedan esparcidas. *Cuando disolvemos algo, toda la experiencia desaparece.* Me gusta pensar en que ese algo regresa a la nada de donde provino. Los hábitos vienen de la nada, y pueden regresar a la nada. Todos tenemos hábitos. Algunos de ellos realmente nos apoyan, y algunos nos decepcionan. Debemos elegir aquellos que contribuyen a crear alegría y amor; prosperidad; buena salud; y una mente feliz y tranquila".

Debemos entonces recordar quién creó los hábitos con los que vivimos ahora, y quién está a cargo de ellos para cambiarlos.

"Sí. Si hay algo negativo en nuestras vidas, debemos descubrir la forma en que *estamos* contribuyendo a mantener eso en su lugar. ¿Qué estamos haciendo para atraer y mantener las condiciones negativas en nuestro mundo? Todos somos creadores poderosos creando continuamente. Mi experiencia me ha demostrado que es vital para una vida feliz que nos hagamos conscientes del parloteo negativo de nuestras mentes. ¿Qué estamos pensando? ¿Por qué estamos pensando en esto? ¿Qué está creando este pensamiento para nosotros en nuestro mundo?

"Una vez que adviertes este hábito, el siguiente paso es dejar de maltratarte por tener esos pensamientos. Más bien, alégrate de que estás advirtiendo lo que estás haciendo. Puedes decirte: *Con razón tengo esta reacción negativa; me ocurre porque tengo este pensamiento negativo. Ahora deseo concientizarme cada vez que lo hago para poder disolver el hábito.* Y la siguiente vez que te sorprendes haciéndolo, dices: *¡Oh, me atrapé haciéndolo de nuevo, es fantástico!; es parte del proceso de disolución. Ya lo estoy logrando.* Debemos alegrarnos cuando estamos en el proceso de disolver un hábito negativo. La idea es permanecer en el presente y observar el futuro con el enfoque más positivo posible".

El desastre que ocurrió con Michael en el auto, es un ejemplo del tipo de retos diarios con los que nos enfrentamos mientras andamos por la vida. Conforme prestamos más atención a la forma en que vivimos nuestros días, es importante tener en cuenta que es muy fácil descarriarnos a causa de nuestros antiguos hábitos, creencias y circunstancias, especialmente cuando estamos bajo estrés. Louise y yo continuamos hablando sobre unos cuantos de los hábitos comunes que debemos disolver: la clase de obstáculos que meten en problemas a las personas. El primero tiene que ver con el dinero.

Cada semana presento un programa de radio en vivo por el Internet llamado *Coach on Call,* en donde ofrezco orientación a personas de todo el mundo. Con frecuencia recibo llamadas telefónicas de personas que creen que comenzar un negocio les va a solucionar con rapidez sus problemas de dinero, o que deben ganar la lotería para finalmente sentirse seguros y felices. Están enfrascados en una "mentalidad mágica", creyendo en una fantasía futura que a fin de cuentas los mantendrá estancados.

"Muchas personas creen que lo único que necesitan para ser felices y arreglar todos sus problemas es el dinero", dice Louise. "Pero todos sabemos que hay miles de personas que tienen grandes riquezas y aún así siguen teniendo muchísimos problemas. Es evidente que el dinero no lo arregla todo. Todos deseamos ser felices y tener tranquilidad, pero la felicidad y el bienestar son un trabajo *interior*. Podemos tener ambos y aún así tener muy poco dinero. Todo es cuestión de los pensamientos que eliges tener. Las condiciones de riqueza o pobreza son creadas en tu interior.

"La cantidad de dinero que nos permitimos tener tiene que ver con nuestro sistema de creencias y con lo que aprendimos del dinero en nuestra infancia. A muchas mujeres, por ejemplo, se les dificulta ganar más dinero que sus papás. Creencias tales como: *No puedo tener más éxito que mi papá* o *Solo los hombres ganan buenos salarios,* las frenan, aunque ellas no sean conscientes de esto. Además, existe una creencia que insiste: *Si me gano la lotería, se acaban todos mis problemas.* Esto es totalmente absurdo. Al cabo de uno o dos años, casi todos los ganadores de lotería están peor que antes de ganarla. Esto ocurre porque no tuvieron un cambio de conciencia simultánea que coincidiera con su nueva riqueza. Pueden no haber tenido la habilidad necesaria para lidiar con su riqueza recién obtenida, pero también porque no creyeron que merecían el dinero ganado.

"Cuanto más elegimos creer en un Universo abundante, más descubrimos que todas nuestras necesidades son cubiertas. La afirmación: *La Vida me ama, y todas mis necesidades están cubiertas en todo momento,* nos inicia en el proceso".

Le comento a Louise que recuerdo los apuros que pasé, a mis treinta y tantos años, luchando con mis propios miedos respecto al dinero. Vivía sola, intentaba arrancar mi negocio como oradora profesional, y siempre andaba preocupada por pagar las cuentas. Estaba tan ansiosa la mayoría del tiempo que lo único que podía hacer era enfocarme en el problema: no hay dinero. En vez de apaciguar mis miedos teniendo fantasías de éxito repentino o de ganarme la lotería, estaba convencida de que si me preocupaba lo suficiente, mis circunstancias cambiarían mágicamente de alguna manera.

"Cuando nos preocupamos, repetimos nuestras preocupaciones una y otra vez hasta que estamos completamente atemorizados", responde. "Muchos de nosotros nos atemorizamos con nuestros pensamientos. Pero cuando repetimos nuestras afirmaciones positivas, con la misma o más frecuencia que nuestras preocupaciones, entonces ocurren milagros. Esta es la forma en que nuestras condiciones negativas comienzan a dar un giro, sin importar de qué se trate problema".

En esa época de mi vida, hice lo mejor posible para mantenerme enfocada en afirmaciones positivas, sin embargo me costaba mucho mantener esa práctica mientras me sentía tan ansiosa. Fue cuando aprendí algo importante: las afirmaciones *y* la acción apropiada son las claves del éxito. Cuando finalmente enfrenté el hecho de que necesitaba un empleo, *y* comencé a buscarlo, me descubrí de repente trabajando *en cooperación* con la Vida. Ahí fue cuando las circunstancias comenzaron a cambiar. Elegí la afirmación: *El empleo perfecto me encuentra,* como un mantra continuo, y comencé a establecer contactos como loca. Al entrar en un estado mental determinado y enfocado, descubrí que la Vida me brindaba los recursos, las personas y las oportunidades que necesitaba para cambiar la situación.

"Si estamos dispuestos a realizar la labor de cambiar nuestra conciencia, cambiando nuestros pensamientos, *y* actuando en consecuencia, creamos una nueva vida para nosotros que es mucho más grande que cualquier cosa que la lotería pueda brindarnos", dice Louise. "Luego, cuando alcanzamos nuevos niveles de éxito, somos capaces de mantenerlos porque hemos realizado un cambio de conciencia y nuestros sistemas de creencia han sido actualizados. Pero recuerda, aunque muchas personas creen que la riqueza las hará felices, no es de ahí de donde proviene la felicidad. Si no puedes amarte, si no puedes perdonar, si no puedes ser agradecido, el dinero no te va a ayudar. Solo tendrás más sirvientes a quienes gritarles".

Louise y yo hablamos de varios de los pasos que cualquier persona puede tomar para disolver los hábitos relacionados con una mala salud financiera. Primero, enfócate en sentirte merecedor y digno de abundancia para que puedas invitar *y* recibir más prosperidad en tu vida. Puedes usar afirmaciones como:

*Acepto con gratitud todas las bondades que
tengo en mi vida ahora.*

La Vida me ama y me sustenta.

Confío en que la Vida me cuida.

Soy digno de abundancia.

La Vida siempre me provee para cubrir mis necesidades.

*La abundancia fluye a diario en mi
vida en formas sorprendentes.*

Mis ingresos se incrementan constantemente.

Prospero en todo lo que hago.

Elige una o dos de estas afirmaciones, y repítelas una y otra vez a lo largo del día. Escríbelas varias veces en un diario o en un hoja de papel, conviértelas en avisos, colócalas por todas partes en tu hogar u oficina, y asegúrate de repetirlas mientras te miras al espejo en cada oportunidad que tengas.

Escribir puede ser una forma maravillosa de tener acceso a la sabiduría y a la intuición. Tómate entonces un poco de tiempo para explorar la siguiente pregunta que has anotado en un diario o cuaderno:

¿Qué hábito debo disolver para crear la
vida financiera que deseo?

Si separas un tiempo para explorar esta pregunta, puedes descubrir que estás viviendo en el futuro, más enfocado en las cosas buenas que *pueden* ocurrir, en vez de en la realidad con la que debes lidiar ahora mismo. También puede ser que debas salir de tu engaño y dejar de aparentar que puedes seguir gastando dinero cuando eres incapaz de asumir los gastos que ya tienes.

Finalmente, identifica el paso más importante que debes tomar para mejorar tu salud financiera. Luego enfócate en esta acción —de preferencia aquella que estás evitando— y haz algo al respecto en las próximas 24 horas. Puede ser que debas saldar tus cuentas, pagar tus impuestos, o dejar de usar tus tarjetas de crédito. Puede ser que debas buscar cualquier empleo que aporte dinero a tu casa lo más pronto posible, y así prepararte para un trabajo más satisfactorio en el futuro. Recuerda, cuando afirmas tus intenciones *y* actúas, te alineas con la energía Universal, invitando a la Vida a que se eleve y se encuentre contigo. (Si no estás seguro cuál paso tomar, pídele consejo a un amigo o familiar de confianza, a alguien que te conozca íntimamente y a quien le interese profundamente tu mayor beneficio).

A continuación vemos otro problema muy común con el que muchos de nosotros debemos trabajar: desear y esperar que las personas a nuestro alrededor finalmente "lo entiendan" y cambien.

¿Qué haces cuando alguien sigue batallando y aún así no hace nada para cambiar la situación? En una ocasión, mientras dirigía un taller, abrí la sesión de preguntas con el tema sobre el lugar donde estas mujeres se sentían estancadas respecto a su cuidado personal. Una mujer de unos 40 y tantos años inmediatamente agarró el micrófono y comenzó a hablarnos sobre todos los dramas de su vida. Parecía que donde quiera que ella fuera, otra crisis se materializaba en su vida. La última tenía que ver con su trabajo. Había sido acusada falsamente de hostigar a una colega y ahora estaba presa de pánico ante la idea de perder su empleo.

Mientras se lanzaba de lleno a los detalles de la situación, pude identificarme con su difícil realidad y darme cuenta que ella estaba usando casi toda su energía en el problema y no en la solución. La interrumpí y le sugerí que intentara algo diferente. "¿Por qué no comienzas a cambiar las cosas dándole un giro radical a tu lenguaje?", le recomendé. "Por ejemplo, podrías comenzar afirmando: *Disfruto de una solución pacífica a este problema. La situación desagradable de mi trabajo se resuelve rápidamente y todo el mundo se siente contento con el resultado.* O intenta: *Libero todo el drama de mi vida y ahora tengo energía que proviene de la paz*".

"Es imposible", dijo elevando la voz con un tono pronunciado de irritación. "Mi colega es una idiota, y no está diciendo la verdad".

Durante varios minutos practicamos la danza del ego, yo tratando de encontrar una apertura en su mente atemorizada que le permitiera enfocar la situación de una nueva forma, y ella luchando por convencerme de por qué no funcionaría. Yo conocía esa práctica. Esta mujer estaba acostumbrada a obtener su energía del drama, y antes yo habría pasado demasiado tiempo con ella intentando hacerla cambiar de idea. Pero como reconocía esta danza, supe que debía permitirle seguir convenciéndose de que estaba en lo cierto hasta que estuviera lista para un cambio en su perspectiva. Me retiré cortésmente y seguí con la siguiente pregunta.

Louise explica: "Eso es lo que ocurre cuando las personas no están listas para cambiar. Solamente puedes hacer sugerencias de cómo una persona puede apoyar su propio crecimiento pero, a fin de cuentas, son ellos quienes deben estar dispuestos a hacer el trabajo. Debemos dejar de desear que las personas hagan lo que no pueden hacer, o ser quienes no pueden ser. Siempre he dicho que no soy una vendedora. No estoy aquí para vender una forma de vida. Soy una maestra. Si quieres venir y aprender de mí, me siento feliz de enseñarte, pero no voy a forzarte a que cambies tu mentalidad. Ese es tu privilegio. Tienes la libertad de creer lo que tú quieras, y si quieres dar un paso en esa dirección y explorar, muy bien, pero si no, puedes hacer lo que te plazca.

"Todos estamos bajo la ley de nuestra propia conciencia. Por lo tanto, cualquier problema es creado en el nivel de conciencia de la persona involucrada. *Tu* conciencia no puede cambiar la situación; su conciencia es la que necesita cambiar. La mujer en tu taller seguirá atrayendo el drama a su vida hasta que reconozca que es *ella* la que está influenciando en estas situaciones. No son los *demás: nosotros* estamos creando esto en nuestro mundo. Son sus pensamientos y creencias los que están contribuyendo con el problema.

"Es una verdadera lástima porque cuando las personas descartan las afirmaciones, o deciden que hacer este tipo de cosas de las que hablamos es algo tonto o que no funciona, siguen experimentando los mismos problemas una y otra vez. Entonces dicen que las afirmaciones no funcionan. *Sí* funcionan. Solo que deben ser usadas de forma consistente".

Nuestros pensamientos influencian directamente nuestra experiencia de vida. De esta forma, estamos contribuyendo con todo lo que ocurre en nuestras vidas. Si nos encontramos en medio de un problema, debemos encontrar nuevos hábitos que usen nuestros pensamientos y energía de una forma más productiva. Las afirmaciones nos ayudan a dirigirnos hacia una nueva dirección para poder enfocarnos en un mejor resultado.

"Y la clave es atraparnos lo más pronto posible en vez de dejarnos arrastrar por el drama del momento", señala Louise. "Recuerda, debemos detenernos y decir: '¡Oh!, Mira lo que *me estoy* haciendo a mí mismo. No se trata de la otra persona. Soy yo. ¿Qué puedo hacer, *ahora mismo,* para darle un giro radical a la energía?'. Mientras la otra persona nos puede estar haciendo algo, a nosotros o a la situación, somos *nosotros los que* controlamos la forma en que respondemos y reaccionamos. Debemos tener siempre en cuenta que la meta en la vida es sentirnos bien, el mayor tiempo que podamos".

En el momento en que lidiaba con la mujer del taller, terminé dejándola que siguiera su camino. Pero, le pregunto a Louise, ¿qué ocurre si alguien está involucrado íntimamente con otra persona que no está lista para el cambio? Por ejemplo, podría tratarse de uno de los padres en una edad avanzada, con actitud siempre negativa, o un cónyuge que no esté en el mismo camino de auto descubrimiento. ¿Cómo se logra hacer las paces con una situación así?

"Hace muchos años, cuando trabajaba con hombres y mujeres con SIDA, descubrí que muchos de ellos habían sido abandonados por sus padres. Completamente abandonados. Desde el momento en que un padre descubría que su hijo era homosexual, era desterrado de la familia. Mucho tenía que ver con lo que los vecinos pudieran pensar.

"Cuando esto ocurría, yo les decía a los hombres con los que trabajaba que usaran una versión de una afirmación que mencioné anteriormente: *Tengo una relación maravillosa y armoniosa con todos en mi familia, especialmente con mi madre* (por lo general era la persona con la que más habían tenido problemas).

"Les sugería que repitieran esta afirmación varias veces a lo largo del día. Cada vez que esa persona acudiera a sus mentes, debían mantenerse repitiendo la afirmación. Ahora bien, ante el hecho de haber sido abandonados por su familia, nadie esperaba que se le pidiera algo así. Pero, invariablemente, al cabo de tres a seis meses después de usar esta afirmación continuamente, la madre aceptaba reunirse con su hijo".

¿Hablas en serio?, pregunté, sorprendida y conmovida.

"Sí". Louise se detiene un momento para refrescar sus recuerdos, mientras observo cómo las lágrimas acuden a sus ojos. "Y cuando una madre de verdad se presentaba, la recibíamos de pie con aplausos. Significaba mucho para nosotros. Era muy sanador. Nos costaba más trabajo hacer venir a los papás, pero la mamá estaba allí, y descubría que estos 'homosexuales' estaban dispuestos a darle mucho amor a cambio.

"Entonces, ¿dirías que es absurdo creer que una afirmación puede hacer algo en una situación tan difícil? ¿Qué podría hacer? ¿Cómo podría influenciar la conducta de otra persona? No lo sé. Se eleva al espacio cósmico, y en vez de que la persona tenga pensamientos terribles respecto a su familia, comienza a crear un espacio donde puede haber una relación armoniosa. No sé cómo funciona. Es el misterio de la Vida".

Sugiero que afirmar relaciones armoniosas con los demás puede aplicarse en una variedad de formas, y Louise concuerda conmigo. "Ya sea que te entrenes para continuar afirmando que tienes una relación armoniosa con tu jefe, vecino, colega, o con un familiar conflictivo, debe materializarse", dice ella. *"Elude el problema y habla de lo que deseas, como si ya hubiera ocurrido.*

"Dejas de enfocarte en: *Mi madre era mala conmigo.* Ya no deseas recrear eso, porque entonces le estás dando poder. Deseas mantenerte enfocado más bien en el propósito. Ni siquiera estamos diciendo que esa persona debe comportarse de cierta forma. Estamos diciendo que *tú* te entiendes de maravilla con todas las personas de tu familia (incluyendo a tu madre), y luego dejas que la Vida se encargue de resolverlo. Debes mantenerte afirmando esto cada vez que pienses en la persona o en el problema. Cuánto más difícil sea la relación, más debes repetir la afirmación".

Cuando este tipo de cosas ocurre, cuando luchamos con un familiar difícil, o nos toma por sorpresa una inesperada novedad como una enfermedad o la pérdida de un empleo, ¿cuál es la forma más rápida de retomar nuestro rumbo?

"Primero que todo, debes permitir sentir tu reacción inicial. Debes permitirte sentir lo que sientes. Cuando hablo de usar afirmaciones, no sugiero que las uses para evitar sentir tus emociones".

Es un punto extremadamente importante, advierto. Con demasiada frecuencia, veo personas que intentan usar afirmaciones como un método para pasar por alto algo o evitar la verdad, como si estuvieran tratando de suprimir sus emociones con la mente. Pero cada vez que alguien permite que su mente gobierne, en vez de su corazón, se coloca en desventaja. En realidad, las emociones nos ofrecen información muy valiosa.

Si te sientes abrumado con tu trabajo, ciertamente es útil afirmar: *Me siento en paz y tranquilo en mi trabajo.* Pero también puede ser una indicación de que debes dejar de involucrarte en proyectos adicionales. O si te sientes solo en tu matrimonio, puedes tener el pensamiento de una relación armoniosa, pero también puede ser necesario que hables con tu cónyuge sobre lo que está ocurriendo. Cuando le prestas atención a tus emociones, ellas te permiten saber lo que está o no está funcionando en tu vida. Pueden señalarte hacia la dirección de un cambio. *A fin de cuentas, es la alineación de la mente y el corazón lo que crea la alquimia que le proporciona poder a tus afirmaciones.*

"Una vez que sabes lo que está ocurriendo y te permites la oportunidad de sentirlo, debes tratar, lo antes posible, de descubrir cómo salirte de ese espacio mental perturbador", dice Louise. "Es hora de recordar que la calidad de *este momento* es el punto más importante de la creación. Ahora mismo. Cada pensamiento que tienes, y cada decisión que tomas en este momento está programando tu futuro. Entonces, deseas colocarte en el lugar correcto. Debemos comprender verdaderamente la importancia de esto".

Así pues en vez de ser pesimistas, ¿debemos tratar de sentir esperanzas lo antes posible?

"No. Según yo lo veo, la esperanza es otro obstáculo. Decir 'eso espero', realmente significa 'no lo creo'. Es como colocar tu deseo en un futuro muy lejano y creer que quizá un día *podría* ocurrir. Esto no es una afirmación positiva. Debes crear una afirmación positiva, enfocada en el presente. Y luego debes dejarlo ir".

¿Dejarlo ir?

"Lo sueltas. Dejas de aferrarte a eso. No sufras. Cuando no hay nada más que puedas hacer sobre alguna situación, la sueltas porque solamente te estás aferrando al pasado y a recuerdos que están ocupando demasiado espacio en tu mente. Por lo que yo diría que sí, definitivamente, elige afirmaciones, no ceses de repetirlas, trata de encontrar una o dos que realmente te proporcionen alivio y sigue repitiéndolas y repitiéndolas. Y si puedes hacerlo frente al espejo, mejor todavía, porque puedes realmente conectarte contigo. Mírate al espejo cada vez que puedas y di: 'Vamos a superar esto. Te amo y te apoyo'".

Observo de reojo el reloj y me doy cuenta que tengo que irme a una reunión. Rompiendo el encanto del momento, me pongo de pie y sugiero que nos encontremos más tarde ese día, cuando Louise termine de autografiar libros: un período de dos horas donde cientos de sus seguidores de alrededor del mundo hacen fila para tomarse fotos con ella y obtener su autógrafo.

Al colocar mis notas en mi bolsa, le hago una última pregunta a Louise: ¿Qué hacemos con las cosas que no podemos controlar, los pequeños eventos negativos que alteran nuestros nervios y hacen que nos preocupemos a lo largo del día? Sabes a lo que me refiero: un correo electrónico de mala fe o un comentario de un colega envidioso, ¿cómo lidiar con ese tipo de interrupciones?

"Es muy fácil", responde con una sonrisa furtiva: *"Ya no siento curiosidad por las cosas que me van a molestar"*.

Louise me mira fijamente durante unos momentos sellando el mensaje con su mirada. Retiro mis ojos de los suyos, le doy una mirada a mi teléfono, y hago clic en el botón de Stop de mi grabadora. Imagínate no dejarte llevar por el drama ajeno.

Definitivamente, un hábito que vale la pena disolver.

La belleza de la sabiduría

Es un día cálido de noviembre en Tampa y Louise acaba de dar el discurso de bienvenida a más de tres mil asistentes para la conferencia de Hay House llamada: "I Can Do It" (Puedo hacerlo). Estoy de pie al lado de la sala y observo mientras la multitud (de un evento que agotó la venta de entradas) aplaude emocionada cuando ella anuncia que ha entrado en su novena década, y que es la mejor de su vida, hasta ahora. ¡Es un momento muy emocionante!

Camino a nuestro hotel, observo a Louise caminar muy decidida hacia la puerta principal. Con una mezcla única de autenticidad y elegancia, lleva una blusa floreada de volantes sobre mallas ajustadas. Irradia la energía de la juventud y la belleza de la sabiduría que llega con la edad.

Llegamos al hotel y nos dirigimos a la habitación de Louise. Ella abre de inmediato las puertas del balcón y siento la brisa agradable que acaricia mi piel mientras busco un lugar donde sentarme. Me dejo caer con las piernas cruzadas sobre un sillón al lado de un arreglo impresionante de flores —lirios, tulipanes, girasoles y rosas color frambuesa— que descansan en el centro de la mesita del café, en medio de la habitación. "Las flores fueron un regalo de alguien que necesitaba mi ayuda la semana pasada", me dice ella. "Me hacen muy feliz".

Luego se dirige a la cocineta y procede a preparar té para las dos. Mientras saca las bolsitas de té de su envoltura, comparte conmigo la emoción de haber encontrado una nueva cubierta de terciopelo negro para su iPad: la última herramienta de tecnología que ha estado disfrutando con mucho placer. Comprendo, que incluso a sus 84 años, Louise es una eterna estudiante. Admiro muchísimo su curiosidad y sus ansias de aprender.

Preparo mis cosas y me pregunto qué sabrá a los 84 años acerca de sentirse bien consigo misma que yo pueda aprender a mis 51. Le pregunto cómo hace para verse y sentirse tan bien a su edad: ¿cuál es su secreto?

"Pues bien, para mí se reduce a amarte a ti misma, amar tu cuerpo y hacer las paces con el proceso de envejecimiento", responde. "No puedes hacer nada bien, ni por mucho tiempo, sin amarte primero. Cuando te amas, cuidas tu cuerpo y prestas atención a lo que consumes. También cuidas los pensamientos que eliges tener".

Entonces, si estamos dispuestos a practicar lo que ya hemos hablado en este libro, ¿será más fácil envejecer?

"Sí. La Vida se ha convertido en algo mucho más fácil porque he aprendido a planificar mis experiencias. Mis afirmaciones positivas me preceden, suavizando el camino. Para mí es una prioridad anticipar lo que me gustaría experimentar en el futuro. Por ejemplo, hoy tuve que hacer tres diligencias, por lo que afirmé: *Hoy es un día glorioso, y cada experiencia es una aventura placentera.*

"Al entrar en cada una de las tres tiendas, encontré vendedores encantadores que entablaron conversaciones amistosas conmigo. Con uno de los empleados, incluso reímos sin parar por una tontería. Cada una de estas experiencias fue una pequeña pero divertida aventura. Parte de la sabiduría de envejecer es encontrar alegría en las situaciones más simples. Cuando vivimos a plenitud nuestras vidas, hacemos que los detalles de la vida sean maravillosos, buenos e importantes".

He notado que al envejecer, e ir perdiendo a nuestros amigos o familiares, comenzamos a valorar más nuestra conexión con los demás. Incluso el tipo de conexión de la que Louise habla en estas situaciones cotidianas.

"Es eso, o amargarnos. Podemos elegir amargarnos por haber perdido nuestros seres queridos, o podemos elegir buscar personas nuevas y llenar ese vacío".

Cuanto más conozco a Louise, más aprecio, en un nivel muy profundo, el valor de comenzar desde muy temprano en la vida a establecer los hábitos de tener buenos pensamientos. Cuando ella habla sobre su enfoque de la vida, es evidente que ha invertido mucho tiempo y energía en el manejo de su mente. Como resultado, esta inversión le ha brindado una visión mucho más positiva sobre el envejecimiento. Su total atención en llevar una vida de propósito e intención continúa brindándole grandes beneficios año tras año. Mientras soy testigo de su respuesta ante la vida, siento que es un recordatorio para que yo también profundice en este hábito.

"No te creas", admite Louise. "Me he enfrentado a los mismos retos que muchas personas se enfrentan cuando envejecen: arrugas, aumento de peso, falta de flexibilidad, y notar que los hombres jóvenes ya no me miran suspirando. Pero no tiene sentido sentirme miserable por las cosas que no puedo cambiar. Todos vamos a envejecer. Solo que yo tomé la decisión de cuidarme y amarme a pesar de todo.

"Elijo una buena nutrición. Consumo alimentos que son buenos para mi cuerpo, alimentos que me sustentan. Como muy poco de las cosas que agotan a mi cuerpo o que no me sustentan. También hago cosas como acupuntura y sesiones de terapia craniosacral una vez al mes como mantenimiento general. Además, hago un gran esfuerzo por elegir pensamientos que me hagan sentir bien lo más posible. Esta es la gran lección que siempre repito: *Nuestros pensamientos nos hacen sentir bien o nos hacen sentir mal.* Pesan mucho más los pensamientos que las circunstancias".

Entonces, no se trata de las arrugas, ¿sino de lo que tú piensas sobre tus arrugas?

"Exactamente. Las arrugas simplemente están ahí. Igual para todo el mundo. Nadie te ha señalado como la única persona que tiene una arruga. No tiene sentido sentirse infeliz por algo así. Deseamos disfrutar tanto como sea posible cada fase de la vida".

Hablando de arrugas, digo, conversemos acerca del cuerpo. Dices que el secreto de tu éxito a los 84 años tiene que ver con amarte y amar tu cuerpo, pero, ¿qué tal si se trata de una mujer que tiene 25 kilos de exceso y odia lo que ve en el espejo? ¿Cómo te miras y te dices "te amo", cuando no te gusta lo que ves?

"Pues bien, esa es la clave de que lo estamos haciendo", responde Louise. "Como dije antes, yo ya no creo en trabajar en un solo asunto. En mis inicios, trabajaba con los problemas individuales como la pérdida de peso. Pero un día descubrí que si lograba que los clientes se amaran a sí mismos, ya no teníamos que trabajar en otros problemas. El amor hacia uno mismo era la cuestión crucial para todos y para todo. Esta es una realidad muy difícil de aceptar o reconocer para muchas personas: que pueda ser tan simple.

"Esta mujer de la que hablas, puede pensar que su problema es cuestión de peso, pero no lo es en absoluto, su problema es el odio hacia sí misma. Si podemos llegar a lo profundo de este tema, o hacer que comience a practicar consistentemente las afirmaciones que la apoyarán para construir una buena relación con su cuerpo, comenzará el proceso de amor hacia sí misma".

Después de una momentánea pausa, Louise prosigue. "Es cierto que algunas veces debes ajustar tu dieta con el fin de adaptarte a esta nueva práctica. Hoy en día, muchos de nosotros sabemos que el azúcar es adictivo y que simplemente no es bueno para tu cuerpo. Además, el trigo y los productos lácteos también causan problemas en muchos casos. Debemos consumir productos que alimenten y nutran nuestro cuerpo *y* nuestra mente. Aunque es maravilloso decir las afirmaciones correctas, si te llenas de cafeína, azúcar, comida chatarra y similares, te va a costar mucho trabajo enfocar tu mente en cualquier cosa, mucho menos en afirmaciones positivas. Y si creciste consumiendo comida chatarra, vas entonces a necesitar un poco de guía sobre lo que significa consumir una dieta sana. Yo no sabía nada acerca de una buena nutrición hasta que el diagnóstico del cáncer hizo que descubriera lo que mi cuerpo necesitaba. Incluso ahora, me mantengo informada con las últimas novedades relacionadas con la salud y la sanación".

Ciertamente, puedo apreciar la importancia del buen cuidado del cuerpo al envejecer. Como muchos de nosotros, leo mi buena porción de libros, páginas de Internet y estudios, tratando de aprender todo lo posible sobre dietas, ejercicios o suplementos. Existe una cantidad enorme de información y es fácil confundirse. Nuestra sociedad gasta miles de millones de dólares en libros y productos anti envejecimiento, membresías a gimnasios y programas de dietas, en la búsqueda de la fórmula apropiada para crear una salud óptima. Sin embargo, las tasas de obesidad siguen incrementándose y la salud general sigue declinando.

En los últimos meses, me he estado enfocando exactamente en lo que Louise nos está diciendo: amarme y amar mi cuerpo *primero que todo,* y permitir que este amor me lleve en la dirección de sabias decisiones que sustenten mi salud emocional y física. Ante todo, estoy aprendiendo que esto funciona. Al ir construyendo una fuerte conexión con mi cuerpo, he aprendido natural- mente a sentirme atraída por las comidas apropiadas, el tipo de ejercicio correcto, la atención personal y la atención médica más beneficiosa. Sí, ahora sé que todo comienza con el amor.

"Alimentar bien tu cuerpo es un acto de cuidado personal muy importante", continúa Louise, "especial- mente durante el proceso de envejecimiento. Sustenta los cambios naturales que experimentamos al enveje- cer. Si por ejemplo, estás pasando por la menopausia, y no te estás alimentando bien, va a ser mucho más difícil para ti. Una buena fuente de proteína y muchos vegetales (en lo posible orgánicos), mientras dices afir- maciones como: *Esta es una época agradable y fácil de mi vida; Estoy gratamente sorprendida por la forma en que mi cuerpo se adapta a la menopausia; o Duermo bien en las noches,* marcará una gran diferencia".

¿Qué afirmaciones le sugieres al hombre o a la mujer que debe amar su cuerpo a pesar de que no le gusta lo que ve?

"Ciertamente, podrían comenzar dándose mensa- jes como:

> *Mi cuerpo es un buen amigo; tenemos una maravillosa vida juntos.*

*Escucho los mensajes de mi cuerpo y tomo
la acción apropiada.*

*Me tomo el tiempo para aprender acerca de cómo funciona
mi cuerpo y la nutrición necesaria para
que esté en salud óptima.*

Cuanto más amo mi cuerpo, más sano me siento.

"Estas afirmaciones te ayudarán a iniciar el proceso. Y si realmente deseas sentirte más conectado con tu cuerpo en una buena forma, debes iniciar el hábito de observarte al espejo todos los días y hablarle como le hablarías a un amigo muy querido. Podrías decir cosas como:

Hola, cuerpo, gracias por ser tan saludable.

Te ves muy bien hoy.

Me encanta amarte para verte en perfecta salud.

Tienes unos ojos hermosos.

Me encanta tu linda figura.

Me gusta cada centímetro de ti.

Te amo profundamente".

La experiencia me ha demostrado con certeza que hablarle a tu cuerpo de una forma amable te ayuda a acallar la voz crítica que te juzga de forma tan despiadada. A través de los años he leído acerca de usar afirmaciones para amar el cuerpo en los libros de Louise, pero cuando la escuché por primera vez *hablar sobre el uso de ellas, quedé muy conmovida por el nivel de calidez e intimidad de su voz. Ella no estaba simplemente repitiendo las palabras; usaba un tono y una inflexión que evidenciaban que debíamos hablarnos como un amigo amable y cariñoso.*

Cuando comencé a practicar esto conmigo misma, la relación con mi cuerpo cambió de forma radical y dramática. Sentí el espíritu de las palabras penetrar mi corazón. Cada día, al mirarme al espejo y hablarle de forma amable, sentí cómo se iban suavizando poco a poco la aspereza de mis juicios y mi inclemencia. Podía sentir en realidad que mi cuerpo lentamente se iba convirtiendo en un buen amigo en vez de un enemigo asediado. La clave era hacerlo *consistentemente.*

"Sí, sí, sí", Louise confirma. "Todo es cuestión de práctica. Elige las afirmaciones que te hagan sentir más cómodo y comienza desde ahí. Debes saber que tus afirmaciones están creando nuevas condiciones y situaciones para ti, y estos hábitos cambiarán tu vida. Si criticarnos se ha convertido en un hábito, ¡también podemos crear el hábito de reconstruirnos!".

Entonces todo vuelve a tratarse de lo que hemos venido diciendo a lo largo de este libro: que los pasos más poderosos son realmente aquellos pasos pequeños y sencillos que comienzan con nuestros pensamientos. Y que debemos practicar una y otra vez.

"Sí. Y mientras lo haces, debes buscar ese detalle que te demuestra que está funcionando: la evidencia de que tu conciencia está cambiando radicalmente. Luego debes enfocarte en ese éxito para que te sientas inspirado a continuar.

"Tú misma lo has hecho, Cheryl. Hiciste algo que parecía tonto al principio, por ejemplo, el trabajo con el espejo, pero luego comenzaste a obtener resultados. Escribiste sobre esa experiencia en tu último libro. Y desde que hemos estado trabajando juntas, he visto que ha sucedido de nuevo contigo. Un buen ejemplo es tu práctica de Pilates".

Louise tiene razón. Durante uno de nuestros primeros encuentros, ella me invitó a que la acompañara a una sesión privada de Pilates, y puesto que siempre he sentido curiosidad al respecto, estuve de acuerdo en intentarlo. Después de llevar ocho años levantando pesas consistentemente, ya me estaba aburriendo de mi rutina y deseaba encontrar algo nuevo que hacer, además de eso. Disfruté tanto de mi sesión con Louise que cuando llegué a casa, busqué una maestra y comencé yo misma a tomar lecciones semanales.

En un corto periodo de tiempo, sentí que había hecho progresos: el descubrimiento de músculos que ni siquiera sabía que existían y una sensación de fortaleza interior que hizo que mi postura fuera más erguida y me sintiera más viva. Estas fueron las señales externas que me indicaron que lo que estaba haciendo estaba funcionando, pero fue el éxito que sentía en mi *interior* lo que hizo que continuara con mi práctica.

Cada vez que mi maestra me colocaba frente al espejo para que pudiera observar mis formas, yo repetía en silencio afirmaciones para mi cuerpo mientras avanzaba con las rutinas: *Te amo por sostenerme, querido cuerpo. Eres un cuerpo muy hermoso. Gracias por ser hoy tan flexible y tan cooperador. Me encanta observar tu fortaleza y tu gracia.* No solamente estaba fortaleciendo y tonificando mis músculos externos, también estaba construyendo músculos internos muy importantes. Mi trabajo diario con el espejo y mi enfoque en el amor personal me ha llevado a algo que se siente maravilloso y perfecto para mi cuerpo.

"¿No es interesante ver cómo llegó a tu vida la práctica de Pilates?", pregunta Louise. "Fácil y sin ningún esfuerzo. Comenzaste a enfocar la atención en amar tu cuerpo de una nueva forma, se te apareció la posibilidad y estuviste dispuesta a intentarlo".

Supongo que estaba en el estado mental del que hablas, le digo con una sonrisa, este estado que atrae exactamente lo que necesitamos y a quien necesitamos en el momento correcto. Ahora estoy haciendo Pilates tres veces por semana, ¡y disfruto cada minuto!

"Lo importante es que estabas abierta a intentar algo nuevo", dice Louise. "Aunque lo odiaras, yo quería que tuvieras la experiencia; y si hubieras dicho que no te gustó, habría estado bien. Debemos estar dispuestos a intentar nuevas cosas para descubrir lo que funciona para nuestro cuerpo. Comienzas con un paso, luego das el siguiente y el siguiente. Antes de darte cuenta, comenzaste tres cuadras atrás y ahora estás aquí". Louise golpea con su dedo sobre la mesa. "Cuando te enfocas más en los pequeños pasos que estás dando en vez de en el resultado final —y ves que está funcionando— te sientes bien, y continúas atrayendo hacia ti exactamente lo que necesitas para llevarte adonde deseas ir.

"Obsérvate, Cheryl. Te sugerí que hicieras Pilates, lo intentaste, y descubriste que te encantaba. Ahora lo estás haciendo tres veces por semana. O le envías amor a Michael cuando estás a punto de discutir sobre una vuelta equivocada y además también sientes el amor.

amos algo, vemos los resultados, comprendemos que nuestra perspectiva ha mejorado y eso nos anima a seguir. En realidad, no importa dónde comiences siempre y cuando estés *dispuesto* a comenzar. Comprende, muchas personas dirán: 'Son puras patrañas; solo son patrañas'. Y no puedes hacer nada cuando piensas que son patrañas".

Puedo apreciar el enfoque de Louise en reconocer lo que está funcionando y en que nos tomemos nuestro tiempo para desarrollar lentamente nuevos hábitos de amor personal. Yo solía sentirme frustrada y derrotada porque estaba más enfocada en obtener el resultado final que en experimentar la jornada. Hace unos años, mientras tenía una conversación con una amiga, otra mujer sabia de ochenta y tantos años acerca de que mi negocio como conferencista creciera, le expresé mi frustración por el tiempo que me estaba tomando llegar adonde quería llegar. Llevaba trabajando en mi empresa menos de un año y estaba desilusionada con mi progreso porque todavía no había logrado que me pagaran por dar una charla.

"Ustedes, los jóvenes de hoy en día", dijo ella con un movimiento de cabeza, "desean el éxito de la noche a la mañana. ¿Qué pasó con la dicha de perfeccionar tu arte? Cuando yo era niña, las personas se tomaban años en lograr el tipo de éxito que tú deseas para ayer, y en realidad disfrutaban del proceso. Desacelérate, amiga mía. Hará que el paseo sea mucho más interesante".

Hice lo posible por relajarme y seguir su consejo. Sin embargo, años después, andaba de un lado para otro en mi cocina, quejándome con mi esposo sobre lo mucho que me estaba tomando desarrollar mi práctica como consejera, una profesión totalmente nueva que acababa de iniciar un año y medio antes.

El mensaje de Louise estaba siendo captado por oídos muy experimentados, y yo sabía que era importante. Nuestra cultura nos ha entrenado para que nos enfoquemos en resultados rápidos: perder cinco kilos en una semana o tener un estómago plano de la noche a la mañana si consumimos el suplemento de fibra apropiado. Queremos *grandes* éxitos, oportunidades y resultados, ¡de inmediato!

"Sí", consiente Louise. "Grande, grande, grande..., todo grande y mucho sufrimiento en el proceso. Es mejor disfrutar lo que hacemos. Llevas un tiempo haciendo Pilates, y sí, es cierto que has mantenido tu compromiso, pero también es importante que lo estás disfrutando. Eso es fascinante. Y tu cuerpo está cambiando de una forma muy positiva. Debemos dejar de enfocarnos en sanar el problema que percibimos. Más bien, deseamos enfocarnos en realizar cambios pequeños y positivos que nos hagan sentir mejor en el camino. Eso es lo que significa amarnos, amar nuestros cuerpos para que el proceso de envejecimiento sea más fácil y más alegre: cambios pequeños y positivos".

Hablando de envejecer, le pido a Louise que hablemos un poco más sobre el tema. Me pregunto qué es lo que más le preocupa mientras envejece.

"Pues bien, algunas personas se preocupan por perder su aspecto juvenil. Pero hace años, solía preocuparme por perder mis facultades mentales. Debo haber recibido algún tipo de mensaje en mi infancia temprana que plantó ese miedo en mi mente. Ya hace mucho tiempo que no siento eso, y hoy sé lo suficiente como para mantener mi mente saludable con buenos pensamientos y buena nutrición. Cuando tu dieta es un desastre, te programas para tener problemas con el paso de los años. Mi inquietud ahora sería perder mi salud. Por eso es que me cuido mucho".

Todos nos enfrentamos con diferentes retos al envejecer. Cuando me acercaba a mis 50 años, pasé por un periodo en que cada vez que me miraba al espejo me sentía triste o molesta al ver nuevas arrugas o flacidez, pero lo que más me inquietaba era la idea de perder mi energía. Siempre he sido una mujer con mucha energía, me enorgullezco de lograr mis metas y hacer lo que tengo que hacer en la casa y en el trabajo. Tan pronto empecé a notar que mi energía disminuía un poco, se lo atribuí al envejecimiento y empecé a preocuparme. ¿Sería éste el comienzo del fin de mis años productivos? ¿Tendría que trabajar aún más para comer bien y hacer ejercicio para mantener elevados mis niveles de energía? ¿O tendría que entregarme a la realidad de que todos nos desaceleramos al envejecer?

Este último año, he llegado a comprender la energía de una nueva forma. Es cierto que debo apoyarme con un buen cuidado personal, pero también puedo aceptar el regalo que nos ofrece la edad: la serenidad y claridad para desacelerarme con el fin de poder usar mi energía en una forma más deliberada. La edad y la experiencia me han dado permiso para dedicar mi preciosa energía a las prioridades más apreciadas e importantes: mi cuidado personal, relaciones significativas, el tiempo que necesito pasar sola para sentirme rejuvenecida espiritualmente y las formas de expresión creativa que alimentan mi alma.

No hay nada como el tic tac de un reloj para ayudarte a que te preocupes menos por las cosas mundanas de la vida o por lo que piensen los demás. Ese es el verdadero don de envejecer. Eso, y el hecho de que ahora me intereso mucho más en estar abierta a la dirección de la Vida —responder a lo que se presenta— en vez de tratar de dirigir la Vida con mi antiguo ser empeñándome en tener éxito y hacer que las cosas pasen. A pesar de que pueda no tener la misma apariencia juvenil de hace diez años, tengo una nueva clase de belleza: la belleza de la sabiduría.

"Lo más divertido es que ahora tendrás menos arrugas", me dice Louise con una risita. "Debemos aceptarlo, las personas que se preocupan mucho por la edad y por su aspecto físico, se vuelven muy tensas. Cuando hacemos las paces con la edad, nos interesamos más en sentirnos felices y cómodos con nosotros mismos.

"Ya no volverás a tener 20, 30, 40 o 50 años; vas a estar donde estás. Si miras fotos tuyas de hace diez años, podrías pensar: *Dios mío, ¡cómo lucía de bien!* Pero cuando tenías esa edad, estoy segura de que nunca llegaste a pensar que te veías lo suficientemente bien. De todas maneras, nos vemos mucho mejor de lo que creemos, y debemos apreciar eso ahora".

Te digo que también estoy consciente de ser más amable y gentil conmigo misma. Tengo el presentimiento de que ahora es más agradable para los demás estar a mi lado.

"He notado lo mismo ahora que hemos estado trabajando en este libro", comenta Louise. "El otro día que iba saliendo de una reunión, traté de conducir de regreso por el mismo camino que había llegado, pero había un camión en el camino y no pude tomar la misma ruta. Tuve que dar muchas vueltas y aunque no sabía dónde estaba, sí sabía adónde quería ir. En el pasado, algo así me habría irritado, pero ahora, me repetí constantemente: 'Está bien, todo está bien. Nunca habías estado antes en este camino, y está bonito. Solo sigue, y llegarás adonde quieres llegar'. De repente, ahí estaba: '¡Oh, aquí estoy! Estoy de vuelta en el camino que quería'".

¿Siempre estás observando tus pensamientos y tus acciones y haciendo ajustes? ¿Es ésa la razón por la cual pareces sentir tanta curiosidad sobre la vida?

"*Claro* que siento curiosidad sobre la vida, y eso me ha ayudado a mantenerme joven de corazón. Muchísimo. Me encanta tomar clases, me encanta estudiar y me encanta aprender cosas nuevas. Estoy esperando que aparezca algo interesante ahora para poder tomar una nueva clase. También escucho mucho a la gente; lo que dicen, cómo se expresan. Siento mucha curiosidad sobre cómo las personas y yo misma nos hablamos a nosotros mismos. Cuanto más nos escuchamos y realizamos cambios positivos basados en lo que descubrimos, más interesante se vuelve la vida".

Al escuchar la sabiduría de Louise, quedo convencida de que esa curiosidad insaciable es directamente responsable de que haya envejecido de forma tan excelente. Cuando nos gusta aprender, cuando nos comprometemos con nuestro propio crecimiento personal y luego respaldamos este compromiso con la acción, nos mantenemos comprometidos con la vida de una forma intencional y satisfactoria. Nos sentimos más conectados con nosotros mismos, con los demás, y con la fuente más grande de energía llamada Vida. Las cosas parecen fluir cuando vivimos alineados con nuestra esencia: la parte nuestra que es atemporal y eterna.

Me pregunto qué creencias le han servido a Louise al envejecer, y ella me dedica una gran sonrisa. "Creo que soy una chica grande, fuerte y saludable con mucha energía buena. Estoy muy contenta de tener la energía que tengo, de ser capaz de vivir la vida que vivo y de disfrutar la compañía de amigos fabulosos. Creo que la Vida me ama. Creo que estoy protegida en todo momento. Creo que solo buenas experiencias se muestran ante mí, y bendigo a los demás y sé que la Vida me bendice y me hace prosperar. Sé que todo está bien en mi mundo.

"También creo que la risa es más importante que preocuparse por las arrugas. Descubro que ahora me río mucho más y muy pocas cosas me molestan. De hecho, me siento más libre que cuando era niña. Es como si mis buenos pensamientos me hubieran regresado a un estado de inocencia que me hace sentir gloriosa. Me río de mí misma y hago chistes más a menudo en estos días. He cultivado un enfoque mental que me permite ver la vida desde la mayor ventaja positiva. Este enfoque positivo, amoroso y agradecido, me atrae la vida más grandiosa: y esa es la razón por la cual esta ha sido mi mejor década, hasta ahora".

¿Y qué me dices de tus creencias espirituales? ¿Qué papel juegan en tu vida actual?

"Es interesante. Crecí sin ningún tipo de religión, y probablemente fue una de las mejores cosas que me ocurrieron. No tuve nada que desaprender. Cuando conocí por primera vez el mundo metafísico de la Iglesia de la Ciencia Religiosa, todo tenía mucho sentido para mí; la creencia de que todos somos expresiones de la Inteligencia Divina, y que cuando nos alineamos con esa inteligencia, podemos crear un resultado deseado. Yo iba mucho a la iglesia y absorbí muchas de sus enseñanzas. Pero hoy mi jardín es mi iglesia. Salgo y trabajo en él, y encuentro paz. Si hay algún ministro o maestro fantástico que está dando una charla cerca, puede ser que vaya y lo escuche, pero ya he escuchado mucho. Ahora lo vivo".

Llegó la hora de que Louise y yo asistamos a una fiesta de escritores ofrecida por Hay House, para el grupo que participó como oradores en la conferencia.

No obstante, ella tiene un último consejo muy importante que darme sobre la salud y el envejecimiento.

"Además, debemos hacer que el acto de tocar más a las personas se convierta en un hábito. Todos necesitamos más abrazos. Aunque sé que muchas personas no pueden costear masajes, siempre podemos costear abrazos. Solíamos hacer esto durante nuestros grupos de Hayride y siempre hacía sonreír a las personas. Los abrazos te mantienen joven y feliz". Y con eso, se pone de pie, se acerca a mí y me da un gran abrazo.

Al sentir la fuerza de sus brazos y la sonrisa en su corazón, pienso: *No hay duda, diría que esta es una forma excelente de envejecer con mucha más facilidad.*

CAPÍTULO SIETE

EL FINAL DE LA PELÍCULA

Al salir de la ducha, siento el peso de la melancolía oprimiendo mi pecho. Siento una tristeza inexplicable. Estoy sentada al borde de la tina atenta a la presencia de esta tristeza, permitiéndole existir y respirar en mi interior. Espero que me entregue su sabiduría. Con cada aliento, lento y profundo, la respuesta comienza a surgir. La primavera está en el aire, y mi invierno escribiendo está llegando a su fin. Casi ha llegado la hora de despedirme de este libro.

Conozco la rutina. Al llegar sigilosamente al final de un libro, tiendo a terminarlo rápido, al mismo tiempo que saboreo lentamente el proceso una vez más. Este es mi capítulo final, y terminarlo siempre me deja un sabor al mismo tiempo placentero y amargo. Pero hay algo más...

Comprendo también que siento ansiedad por un amigo muy querido que está gravemente enfermo. Temo por él, por mí, por nosotros. Me seco mi cabello con una toalla, coloco un poco de máscara en mis pestañas y aplico brillo a mis labios. Tengo que vestirme. Louise y yo estaremos asistiendo a un evento en el centro de Vancouver y tenemos una cita para desayunar en media hora (y ella siempre llega temprano). En esta ocasión, tengo algo planeado.

Nos sentamos en una mesa tranquila, en la parte de atrás del restaurante de nuestro hotel. Nuestro ritual se ha convertido en algo natural: me siento e inmediatamente busco mi iPhone, pulso la tecla GRABAR y saco mi cuaderno de notas. Sentada frente a Louise, me siento un poco vacilante, vulnerable. Hago lo posible por contener mis lágrimas, pero no puedo evitar ser transparente en su presencia. Ella puede notar que algo anda mal, pero no dice nada. Más bien, se queda mirándome fijamente a los ojos y espera que yo inicie la conversación.

Tengo un amigo muy querido que está gravemente enfermo, le digo, temo que pueda morir. Aunque quiero sentirme positiva, no puedo evitar preocuparme por su vida, y no sé cómo hablar con él sobre ese tema. Sé que tú tienes muchísima experiencia con la enfermedad y la muerte, y yo solo necesito saber qué debo hacer.

"Tú lo *amas*", responde de inmediato. "Y harás de esto una buena experiencia. Cuando alguien está pasando por problemas, yo siempre me concentro en unas cuantas cosas. Primero, me enfoco en la persona por lo que es, no en su enfermedad. Procuro recordarle lo maravilloso que es: divertido, considerado, sabio o bondadoso. A menudo traigo a la conversación momentos favoritos que hemos compartido. Lo más importante es que le permito guiar el proceso. Debemos respetar la posición de las personas. Simplemente, les pregunto cómo se sienten en una situación dada y, a partir de ese momento, dejo que su respuesta dirija nuestra conversación".

Cuando escucho hablar a Louise, lágrimas reacias caen de mis ojos, y ella busca un pañuelo facial en su cartera. "Nunca sabes adónde vamos en estos viajes, ¿no es cierto?". Agrega con una sonrisa, colocando el pañuelo en mi mano. "Es muy duro cuando ocurre".

Sé que debemos pensar positivo, pero...

"Pero..., espera", me interrumpe. "La muerte no es negativa. La muerte es un paso positivo en la vida. Todos vamos a pasar por eso. Te sientes mal porque sencillamente no quieres que tu amigo pase por esto en este momento".

De alguna manera, es doloroso, lo admito.

"Sí, es importante tener la seguridad de que nuestros seres queridos no sienten dolor. Recuerdo cuando mi madre estaba lista para irse. Tenía 91 años, estaba muy enferma y querían hacerle una operación descomunal. Dije: '¡Por nada del mundo! No van a hacer pasar a esta mujer por algo así a su edad. Solo manténganla sin dolor'. Esa era la prioridad máxima: mantenerla libre de dolor y dejarla que se fuera quedando dormida. Y eso fue lo que ocurrió. En los días siguientes, su mente se mantuvo a la deriva: entrando y saliendo de su conciencia. De repente, recuperaba la lucidez y regresaba a hablar sobre sus parientes, luego su mente vagaba de nuevo y regresaba con otra historia. No sentía dolor, lo cual era muy importante para mí.

"Todos vamos a dejar esta vida en algún momento, Cheryl, y no creo que sea algo que debemos temer. Entiende, yo no fui criada con las historias del infierno y la condenación. Es decir, lo viví..., pero puesto que no fui criada con ese concepto, no le tengo miedo a la muerte. No creo que vaya a ir al infierno. Ya he estado ahí".

Esta última frase fue expresada de una manera tan pragmática que solo podría ser dicha por alguien que ha trascendido un pasado doloroso. Asiento con la cabeza, sonrío y seco mis mejillas.

"Tenemos que hablar sobre la enorme cantidad de cosas que nos han enseñado sobre la muerte", prosigue Louise. "Si tus padres iban a una iglesia llena de mensajes sobre el fuego del infierno y la condenación, debes tener mucho miedo a la muerte. Te preguntarás: *¿Habré sido lo suficientemente buena, y si no, arderé en el infierno por siempre?* Si crees que vas a arder en el infierno por siempre, el hecho de morirte debe producirte un miedo aterrador.

"No es de extrañar que tantas personas sientan terror ante la muerte. Muchas religiones comparten este mensaje de una u otra forma: que eres pecador y que debes comportarte bien o lo pagarás cuando mueras. No necesariamente arderás en el infierno, pero *pagarás*. Desde este punto de vista, la muerte se convierte en algo muy temible".

Pienso en el concepto del infierno y la condenación, y recuerdo mi propia experiencia durante la infancia. Estaba muy familiarizada con la idea del cielo y del infierno, así como con algo en medio de ambos: el purgatorio o limbo. Fui criada creyendo que ibas al cielo si eras un buen católico que te aferrabas a las normas, y al infierno si no lo hacías. El purgatorio y el limbo eran estados intermedios para aquellos que necesitaban redimir sus pecados, o para los niños que no habían recibido el sacramento del bautismo.

Cuando niña, solía arrodillarme al lado de mi cama antes de dormir, repitiendo las palabras: *Jesús, María y José* tantas veces como podía para ayudar a las almas a pasar del purgatorio al cielo. Odiaba la idea de que alguien estuviera estancado en un lugar totalmente solo y lleno de temor. Afortunadamente, al madurar y comenzar a explorar una variedad de religiones y tradiciones espirituales, cambié el concepto de infierno por una creencia personal de que la muerte es sencillamente un punto de transición que nos reúne a todos con nuestro Creador en un estado de amor, compasión y perdón.

En este punto de tu vida, ¿le temes a la muerte?, le pregunto a Louise.

"No. No quiero irme ahora mismo porque todavía hay cosas que quiero hacer, pero diré esto toda mi vida. Todos lo haremos. Siempre hay una cosa más pendiente por hacer: la boda de un hijo, un bebé a punto de nacer o un libro que escribir. También siento muy profundamente que llegamos en la mitad de la película, y nos vamos en la mitad de la película. La película es continua. Entramos y salimos. Todos lo hacemos. No hay una hora equivocada ni una hora apropiada, solamente existe *nuestra* hora: nuestra hora de nacer y nuestra hora de partir".

Pienso en la idea de salir en mitad de la película, y concuerdo en que esa es la parte más dura de la muerte: no tener nunca un tiempo específico para partir.

Como explica Louise: "Creo que mucho antes de llegar aquí, el alma decide experimentar ciertas lecciones acerca del amor mutuo y del amor hacia nosotros mismos. Cuando aprendemos la lección del amor, podemos irnos con alegría. No hacen falta el dolor y el sufrimiento. Sabremos eso en la siguiente ocasión, donde sea que elijamos encarnar, nos llevaremos con nosotros todo el amor".

Entonces la pregunta es cómo hacer las paces con la idea de irnos en la mitad de la película. El problema es, tal como lo veo, que nos sentimos muy incómodos con la idea de la muerte. No hablamos al respecto. No nos preparamos para eso. No nos permitimos ni siquiera pensar en nuestros miedos y preocupaciones. Vivimos en una cultura que evita por completo ese tema. Por el contrario, esperamos hasta encontrarnos frente a frente con una enfermedad muy grave, y nos sentimos forzados a tomar decisiones importantes bajo presión —ya sea para nuestros seres amados o para nosotros mismos— y luego nos preguntamos por qué es algo tan temible y tan doloroso.

Para hacer las paces con el hecho de dejar esta vida, primero debemos estar dispuestos a tocar el tema.

Debemos enfrentar los sentimientos de aturdimiento y de incomodidad asociados con la muerte, mirando al miedo directamente a los ojos. Cuando lo hacemos, descubrimos todo lo que el miedo nos puede enseñar.

Ciertamente, a mis treinta y tantos años ignoraba todo lo que tenía que ver con la muerte, hasta que tuve el privilegio de pasar por el proceso de la muerte de una forma muy consciente con alguien a quien apreciaba. Su nombre era Lucy, ella tenía más de 80 años. Lucy tenía una casa llena de tesoros acumulados durante su vida, una mente sabia y un gran corazón..., pero no tenía familia. Durante una visita al hospital, debido a un mal resfriado de pecho, le dijeron que se estaba muriendo de cáncer, y de inmediato me pidió ayuda para que me ocupara de poner en orden sus asuntos. Mi primera reacción fue: *¡Por nada del mundo! No tengo el más mínimo interés en meterme en ese campo minado.* Sin embargo, después de hablar un poco más sobre el tema, mi compasión (y mi culpa) me ganaron, y acepté renuente.

Lo que ocurrió durante los siguientes tres meses fue casi un milagro. Uno por uno, Lucy y yo revisamos los tesoros de su casa e hicimos planes para entregárselos a personas específicas. Llegué a familiarizarme íntimamente con su vida, sus seres amados y sus deseos acerca de la forma en que deseaba terminar su vida. Le prometí que cumpliría a cabalidad sus deseos mientras estuviera agonizando y una vez que muriera.

La noche que murió Lucy, yo había dado una charla, y ya estaba metida en mi cama cuando algo me dijo que me levantara y recorriera el viaje de una hora para ir a verla. Conociéndome lo suficiente como para confiar en mi instinto, hice lo que me pidieron y conduje hasta el hospital. Una vez allí, encontré a mi amiga inconsciente, en una habitación privada, acompañada de una enfermera amorosa y compasiva quien me aseguró que ella podía escuchar todo lo que yo decía.

Me senté a su lado durante casi una hora, repasando las instrucciones que me había dado sobre los planes para el final de su vida. Dije todo en voz alta, mientras ella estaba acostada a mi lado. Le aseguré que todo estaba en orden y que podía realizar la transición a un lugar más pacífico. ¿Qué si yo sentía miedo? Sin duda alguna. Pero también estaba preparada.

Mientras observaba su hermoso rostro, de repente se despertó, me miró directamente a los ojos, me dedicó una gran sonrisa, y exhaló por última vez. En ese momento, algo profundamente significativo cambió dentro de mí. La muerte y yo nos habíamos convertido en íntimas amigas.

Me quedé al lado de Lucy esa noche por un buen tiempo después de que ella murió, observando su rostro, sus manos y su cuerpo sin vida, contemplando esta cosa tan temible que llamamos muerte. Pero yo no tenía miedo. Más bien, me sentía segura, conmovida de una forma muy profunda y sorprendida por lo natural que había resultado ser el proceso real. Claro que extrañaría a mi amiga, pero desde esta nueva perspectiva, la muerte no era el monstruo silencioso que yo había creído: un coco o espanto que debía estar encerrado bajo llave, solo para dejarlo salir en el último momento posible. Era un estado pacífico de entrega y liberación, la consumación de una promesa.

"Como ves, has pasado por una experiencia de muerte, y sabes que eso no te matará", me dice Louise ahora. "Resulta ser más hermoso que terrible cuando lo consideramos con amor y la planificación apropiada. Sin embargo, puede ser una pesadilla, si no estás preparado.

"Hace un año, cuando un amigo se enfermó gravemente, pensé mucho en mi propia muerte. Él había sido un ministro muy bueno con las personas que enfrentaban el final de sus vidas. Siempre sabía las cosas perfectas que debía decir y hacer. Sabía lidiar con la muerte de manera fabulosa. Pero cuando le llegó *su* hora, las cosas fueron muy distintas. Se convirtió en alguien insoportable. No paraba de lamentarse y de lloriquear, quejándose de que esto o aquello estaba mal. Si lo sentabas, quería levantarse; si lo levantabas, quería sentarse. Al cabo de poco tiempo, todo el mundo estaba molesto con él. Cuando observé lo que estaba ocurriendo, me pregunté por qué no podía hacer para sí mismo lo que tanto había hecho por los demás".

Después de una pausa, prosigue. "Ver a mi amigo morir, convirtiendo la muerte en un proceso tan difícil, me mostró la forma incorrecta de hacerlo. Tantas personas que lo amábamos, y al final muchos de nosotros solo queríamos golpearlo. No nos permitió amarlo. Creo que tenía miedo y no había lidiado con muchos asuntos".

Entonces, ¿verlo pasar por su transición te hizo pensar en la forma en que te gustaría a ti hacer la tuya?, pregunté. ¿Cómo te gustaría que ocurriera?

"Primero, le permitiría a la gente demostrarme su amor tanto como quisieran. Les permitiría cuidarme. Les permitiría que hicieran de mi muerte una experiencia maravillosa. Aunque probablemente sería yo quien estuviera consolándolos a *ellos*. Ahora bien, para mí, esta sería la situación ideal: permitirles que me amaran mientras yo los consuelo al mismo tiempo. Ya sea eso o que sencillamente me vaya durante la noche, en mis sueños, después de una fiesta encantadora, y no despertar nunca más".

Nos reímos y reconocimos la paz y la simplicidad de esta idea.

"Cuando sea mi turno de irme", aclara Louise, "quiero que sea un proceso consciente y quiero estar enfocada en qué puedo hacer para que sea lo más cómodo posible. En vista de que pasé por esa experiencia con mi amigo, tomé la decisión de poner a dos personas a cargo de ese momento: una para tomar decisiones sobre mi cuerpo, y otra para que me apoye emocionalmente y me brinde consuelo espiritual. Cuando sea mi hora de partir, tendré a alguien conmigo que esté familiarizado y se sienta cómodo con el proceso de la muerte".

La idea de elegir personas para apoyarnos emocional, espiritual y físicamente, al llegar el momento del final de nuestras vidas, es muy revolucionaria. ¿Cómo podrías sentirte mejor sabiendo que estás seguro, cómodo y libre de dolor, rodeado de aquellas personas que están muy bien preparadas para apoyar tus necesidades y tu transición? Imagínate pensar en las circunstancias ideales de tu muerte, es decir, tenerlo realmente presente...

En vista de que no hablamos de la muerte, más tarde en la vida terminamos confiando en un sistema médico que está a cargo de tratar el cuerpo, pero no necesariamente el corazón ni la mente. De repente, podemos encontrarnos en un hospital llenos de agujas y aparatos a la merced de quien sea que esté de turno. Sintiéndonos llenos de temor y sin ninguna preparación para tomar las decisiones apropiadas que honren nuestra salud emocional, física y espiritual, pagamos el alto costo de no tener el apoyo amoroso y cariñoso que merecemos.

La buena disposición de Louise de planificar el momento de su transición es un acto atrevido y profundo de cuidado personal. Tener los ojos, oídos y la mente de alguien en quien confiamos, puede significar la diferencia entre un final pacífico y un desastre. Le pregunté entonces cuáles fueron las pautas que siguió para elegir a las dos personas a quienes ella les pidió que la apoyaran durante el momento de su transición. ¿Había ciertas cualidades que ella buscaba o algunos pasos que había puesto en práctica para dirigir el proceso?

"Elegí a dos personas en quienes confío para que estén conmigo al final de mi vida", responde. "Esas personas saben lo que quiero, lo que me hace falta para sentirme cómoda, y ambas han estado de acuerdo en cumplir a cabalidad mis deseos. Las conozco bien y confío en su experiencia. Ambos conocen bien su campo de experiencia por lo que no hará falta que les entregue instrucciones específicas. Uno de ellos es un caballero que ha ayudado a muchas, muchas personas a pasar por el final de sus vidas, y el otro es un profesional de la salud que conoce muy bien mi cuerpo y mis necesidades de bienestar. Puedo confiar en ambos, en que harán lo que dicen que van a hacer, y eso es lo más importante".

Entonces, ¿esta planificación contribuye a sentirte en paz? ¿Enfrentar la muerte reduce nuestro miedo?

"Debo decir que aunque muchos jóvenes murieron de SIDA en la época en que trabajé con ellos, muchos murieron en paz. Hablamos sobre la muerte y la enfrentamos juntos. Recuerdo a un hombre, David Soloman, quien nos permitió realizar su funeral frente a él. Sabía que solo le quedaban unos días, y vino a nuestra reunión en silla de ruedas".

Veo lágrimas rodar por las mejillas de Louise y es mi turno de buscar un pañuelo facial. "Dijimos muchas cosas maravillosas que habríamos dicho en su funeral, pero frente a él", me dijo. "Fue una experiencia hermosa para todos nosotros. Queríamos que su hora fuera pacífica, amorosa y reconfortante. Y lo logramos".

Qué ritual tan hermoso, dije, mientras la miraba a los ojos.

"Solía hacer mi práctica divertida con todos los hombres. Les hablaba sobre la reencarnación y les decía que los buscaría de nuevo en los rostros de los bebés.

Simulaba lo que haría: "¿Eres tú, David Soloman? ¿Estás ahí dentro? ¿Regresaste a vernos? Te ves tan lindo. Y ellos se reían y se reían".

Yo también me reí a carcajadas escuchándola revivir esta historia. Luego le pregunté si había sentido que el haber trabajado con esos hombres con SIDA había sido uno de sus trabajos más satisfactorios.

"Fue increíble. Fue increíble", repitió. "Astrológicamente, fue cuando Plutón estuvo sobre mi sol, una época en que la mayoría de la gente lucha terriblemente porque hay toda una variedad de lecciones sobre la muerte. Pero aprendí la lección máxima. Estaba tan ocupada lidiando con esos hombres, que no tuve tiempo para preocuparme por mí. Y mientras más simple era mi vida, y menos cosas hacía, más me decían lo maravillosas que habían sido las reuniones.

"Algunas veces, solamente me sentaba, hacía una pequeña oración y una meditación de apertura, elegía alguien para que hablara, y cuando terminaba esa persona, elegía a alguien más. Al final de la reunión, hacíamos grupos de sanación para tres personas. Una persona se recostaba, otra persona se sentaba en su cabecera y otra a sus pies, tocando el cuerpo de la persona que estaba frente a ellos, mientras yo guiaba una meditación con música. Y luego nos intercambiábamos para que todo el mundo tuviera la oportunidad de recibir el amor. Las cosas más sencillas eran las más significativas para ellos".

¿Existen afirmaciones que hayas usado para lidiar con la muerte?

"Sí, es preferible usar aquellas que tratan con los sistemas de creencias acerca de lo que hay en el más allá. Es importante tener en cuenta si hay en nuestro interior un pequeño niño atemorizado que recuerda el infierno y la condenación. Debemos hacer afirmaciones para sanar esas creencias, de modo que la muerte no sea algo tan atemorizante".

Louise ofrece algunas afirmaciones que ha usado a lo largo de su vida:

Al final de esta vida, espero reconectarme con mis seres queridos en el más allá.

Realizo mi jornada al otro lado de esta vida con alegría, calma y paz en mi corazón.

Estoy tan emocionado de ver a mis seres queridos al final de esta jornada.

Solamente veo amor y paz al otro lado de esta etapa de mi vida.

Solamente cosas buenas yacen ante mí. Estoy a salvo y soy amado.

"Es más fácil partir si te sientes reconfortado", dice. "Si sientes que será algo bueno, no estarás aterrorizado".

Y puesto que no sabemos qué hay en el más allá...

"Exactamente. Nadie lo sabe. Existen personas con creencias muy fuertes que te dirán lo que ellos piensan que es la verdad pero, en realidad, nadie sabe. Debemos estimular a las personas a que piensen en eso y se preparen para el final de sus vidas de una forma reconfortante. No importa la edad que tengamos, es importante hacerlo. Podría ser que yo viviera más tiempo que las personas que he elegido para cuidarme en el momento de mi muerte, entonces estoy segura de que la Vida me brindaría otras opciones. He sobrevivido a muchas situaciones. He pasado muchas miserias, pero siempre he salido victoriosa".

¿Cuál crees que es la razón de esto?

"Pues supongo que existe la posibilidad de que haya sido porque todavía me queda mucho trabajo importante por hacer, y siempre termino saliendo bien librada. Siempre he sido del tipo de persona que corre riesgos. Después de todo, cuando le tiendes tu mano a la Vida, la Vida siempre te tiende la mano de regreso."

Louise ciertamente le tiende su mano a la Vida. Al final de lo que supuse que sería nuestra última reunión, regreso a mi habitación sintiéndome llena de amor y de admiración profunda por esta experiencia transformadora de vida. ¡Qué bendición ha sido haber pasado tanto tiempo con una mujer tan extraordinaria! Al introducir la llave en la puerta de la habitación de mi hotel, sé que mi vida jamás será la misma. También sé algo muy en lo profundo de mi ser: *La Vida ciertamente me ama.*

Varios días después, al regresar a casa de nuestro viaje a Vancouver y revisar mis notas, pienso cómo me gustaría terminar este libro. En vez de esforzarme por encontrar las palabras apropiadas, me entrego y permito que el final perfecto me encuentre.

La respuesta llega unos días después, en la forma de un correo electrónico de Louise. Es una carta que ella había encontrado hace algunos años, enviada a un hombre que se estaba muriendo de SIDA. No podría ser más perfecta:

> *Querido:*
>
> *Estos son algunos de mis pensamientos acerca del proceso perfectamente normal y natural de dejar este planeta: un proceso por el que todos pasaremos. Cuanto más en paz nos sintamos con esta experiencia, más fácil será. Esto es lo que sé:*

Siempre estamos a salvo.
Solo es un cambio.
Desde el momento en que nacemos
nos estamos preparando para ser acogidos
de nuevo por la Luz.

Prepárate para la paz máxima.
Los ángeles te rodean,
te están guiando en cada paso del camino.

Sea cual sea la salida que elijas
será perfecta para ti.

Todo ocurrirá
en una secuencia perfecta de tiempo y espacio.

Es un momento de alegría
y de regocijo.
Vas camino a casa.

Al igual que todos nosotros.

RECOPILACIÓN DE AFIRMACIONES

PARA LA SANACIÓN:

Me amo y me perdono.

Me perdono por permitir que mi [ira, resentimiento, miedo o lo que sea] le haga daño a mi cuerpo.

Merezco la sanación.

Soy digno de mi sanación.

Mi cuerpo sabe cómo sanarse a sí mismo.

Coopero con las necesidades nutricionales de mi cuerpo.

Nutro a mi cuerpo con alimentos deliciosos y saludables.

Amo cada centímetro de mi cuerpo.

Visualizo agua fresca y clara fluyendo a través de mi cuerpo, llevándose todas las impurezas.

Mis células sanas se fortalecen a diario.

Confío en que la Vida sustenta mi sanación en todas las formas posibles.

Cada mano que toca mi cuerpo es una mano sanadora.

Mis médicos están sorprendidos por la rapidez con que mi cuerpo se está sanando.

Todos los días, y de todas las formas, me siento cada vez más sano.

Me amo.

Estoy a salvo.

La Vida me ama.

Estoy sano e íntegro.

CUANDO TE LEVANTAS Y ABRES TUS OJOS:

Buenos días, cama, gracias por ser tan cómoda, te amo.

Querido [tu nombre], hoy es un día bendito.

Todo está bien. Tengo tiempo para todo lo que tengo que hacer hoy.

AL MIRARTE EN EL ESPEJO DEL BAÑO:

Buenos días, [tu nombre]. Te amo. En verdad, verdad, te amo.

Hoy nos esperan grandes experiencias.

Te ves de maravilla.

Tienes la sonrisa más hermosa del mundo.

Tu maquillaje [o tu cabello] luce perfecto.

Eres el hombre [o la mujer] ideal.

Estamos pasando un día fantástico.

Te amo profundamente.

EN LA DUCHA:

Amo mi cuerpo y mi cuerpo me ama.

Es todo un placer tomar una ducha.

El agua se siente deliciosa.

Estoy agradecido por las personas que diseñaron y construyeron esta ducha.

Mi vida está llena de bendiciones.

¡Me llueven buenos pensamientos todo el día!

MIENTRAS USAS EL BAÑO:

Me libero fácilmente de todo lo que mi cuerpo ya no necesita.

El consumo, la asimilación y la eliminación están todos en un orden divino perfecto.

MIENTRAS TE VISTES:

Me encanta mi clóset.

Es muy fácil para mí vestirme.

Siempre elijo lo que mejor me queda.

Me siento cómodo en mi ropa.

Confío en mi sabiduría interna para elegir el atuendo perfecto para mí.

EN LA COCINA:

Hola, cocina, eres mi centro de alimentación. ¡Te aprecio mucho!

Tú y todos tus electrodomésticos me ayudan mucho para preparar comidas deliciosas y nutritivas.

Hay gran abundancia de comida buena y saludable en mi refrigerador.

Puedo preparar con facilidad una comida deliciosa y nutritiva.

Me ayudas a sentirme alegre.

Te amo.

DURANTE LAS COMIDAS:

Me siento muy agradecido por tener toda esta comida tan maravillosa.

Bendigo este alimento con amor.

Me encanta seleccionar alimentos nutritivos y deliciosos.

Toda la familia está disfrutando de esta comida.

A la hora de la comida nos reímos mucho. La risa es muy buena para la digestión.

Es un placer planificar comidas saludables.

A mi cuerpo le encanta la forma en que elijo los alimentos perfectos para cada comida.

Soy muy afortunado de poder elegir alimentos saludables para mi familia.

Estamos todos bien alimentados en preparación para los días que vienen.

En esta casa, todas nuestras comidas son armoniosas.

Nos reunimos con mucha alegría y amor.

La hora de la comida es una hora feliz.

A los niños les encanta probar alimentos nuevos.

Mi cuerpo se sana y se fortalece con cada bocado que ingiero.

MIENTRAS CONDUCES TU AUTOMÓVIL:

Estoy rodeado de buenos conductores y le envío amor a todos los autos a mi alrededor.

Me desplazo fácil y sin esfuerzo.

El tráfico está ligero y llego más rápido de lo que espero.

Me siento cómodo en el auto.

Sé que será un trayecto hermoso hasta la oficina [o escuela, tienda o lo que sea].

Bendigo mi auto con amor.

Le envío amor a todas las personas en el camino.

A LO LARGO DEL DÍA:

Amo mi vida.

Amo el día de hoy.

La Vida me ama.

Me encanta cuando sale el sol.

Es maravilloso sentir el amor en mi corazón.

Todo lo que hago me brinda alegría.

Cambiar mis pensamientos es fácil y cómodo.

Es un placer hablarme a mí mismo de forma gentil y amorosa.

Hoy es un día glorioso y cada experiencia es una aventura gozosa.

EN EL TRABAJO:

Trabajo en colaboración creativa con personas inteligentes e inspiradoras en proyectos que contribuyen con la sanación del mundo.

Bendigo este trabajo con amor.

Tengo una relación maravillosa con todos en el trabajo, incluyendo a_____.

Estoy rodeado de colegas maravillosos.

Es un placer trabajar con todos mis colegas.

Nos divertimos mucho juntos.

Tengo una relación maravillosa con mi jefe.

Siempre me encanta el lugar donde trabajo. Mis empleos son los mejores. Siempre me aprecian.

Libero este empleo para la siguiente persona, a quien le encantará estar aquí.

Acepto un empleo que use todos mis talentos y habilidades creativas.

Este empleo es profundamente satisfactorio y es una dicha para mí trabajar cada día.

Trabajo para personas que me aprecian.

El empleo perfecto me encuentra.

Las instalaciones de trabajo están llenas de luz, brillo y aire fresco; y se siente el entusiasmo.

Mi nuevo empleo está en el lugar perfecto y gano buen dinero, por lo que me siento profundamente agradecido.

DE REGRESO A CASA:

Buenas noches, casa. He regresado a mi hogar.

Estoy encantado de estar aquí. Te amo.

Vamos a pasar una noche maravillosa juntos.

Anhelo ver a mi familia.

Estamos pasando una noche encantadora juntos.

Los niños hacen sus tareas en un santiamén.

Pareciera como que la cena se preparara sola.

PARA APOYAR TU SALUD Y AMAR EL CUERPO:

Esta es una época cómoda y fácil de mi vida.

Estoy gratamente sorprendida por la facilidad con la que mi cuerpo se adapta a la menopausia.

Duermo bien durante las noches.

Mi cuerpo es un excelente amigo; tenemos una vida grandiosa juntos.

Escucho los mensajes de mi cuerpo y tomo la acción apropiada.

Me tomo el tiempo para aprender acerca del funcionamiento de mi cuerpo y de sus requerimientos nutritivos para tener una salud óptima.

Cuanto más amo a mi cuerpo, más sano me siento.

Hola cuerpo, gracias por ser tan saludable.

Te ves muy bien hoy.

Me encanta amarte para verte en perfecta salud.

Tienes los ojos más hermosos del mundo.

Amo tu hermosa figura.

Me gusta cada centímetro de ti.

Te amo profundamente.

Te amo, querido cuerpo, por sostenerme.

Eres un cuerpo muy hermoso.

Gracias por ser tan flexible y cooperador hoy.

Me encanta observar tu fortaleza y tu gracia.

CUANDO ENFRENTES DIFICULTADES:

Libero este incidente con amor; ya pasó, ya se terminó.

Espero que llegue mi próximo momento que será fresco y nuevo.

Solamente buenas experiencias yacen ante mí.

Donde quiera que voy, soy recibido con amor.

Amo la Vida y la Vida me ama.

Todo está bien y yo también.

Todo está bien. Todo se está desarrollando para mi máximo beneficio. De esta situación solo saldrán cosas buenas. Estoy a salvo.

Disfruto de una resolución pacífica a este problema. La situación incómoda se resuelve fácilmente y todo el mundo se siente contento con el resultado.

Libero todos los dramas de mi vida y ahora me lleno de energía proveniente de la paz.

PARA LA PROSPERIDAD:

Prospero dondequiera que voy.

Mis ingresos están constantemente incrementándose.

Bendigo y les deseo prosperidad a todos en mi mundo, y todos en mi mundo me bendicen y me desean prosperidad.

La Vida me ama, y todas mis necesidades están cubiertas en todo momento.

Acepto agradecido todas las cosas buenas que hay en mi vida ahora mismo.

La Vida me ama y me sustenta.

Confío en que la Vida me cuida.

Soy digno de abundancia.

La Vida siempre me provee para cubrir todas mis necesidades.

La abundancia fluye en mi vida en formas sorprendentes todos los días.

EN PREPARACIÓN PARA EL FINAL DE LA VIDA:

Al final de esta vida, anhelo reconectarme con mis seres queridos en el más allá.

Atravieso mi jornada al otro lado de esta vida con alegría, calma y paz en mi corazón.

Me siento muy emocionado de ver a mis seres queridos al final de esta jornada.

Solamente veo amor y paz del otro lado de esta etapa de mi vida.

Solo cosas buenas yacen ante mí. Estoy a salvo y soy amado.

ACERCA DE LAS AUTORAS

Louise Hay, autora del éxito editorial internacional *Tú puedes sanar tu vida,* es conferencista y maestra de temas metafísicos con más de 50 millones de libros vendidos a nivel mundial. Durante más de 25 años, ella ha ayudado a personas de todo el mundo a descubrir y a implementar el pleno potencial de sus poderes creativos para su desarrollo y sanación personal. Se ha presentado en *The Oprah Winfrey Show* y en muchos otros programas de televisión y radio tanto en Estados Unidos como en el exterior.

Páginas de Internet: **www.LouiseHay.com**® y
www.HealYourLife.com®
Página en Facebook:
www.facebook.com/LouiseLHay

Cheryl Richardson es autora de los libros de mayor venta del *New York Times* titulados: *Take Time for Your Life, Life Makeovers, Stand Up for Your Life, The Unmistakable Touch of Grace* y *The Art of Extreme Self-Care*. Está a cargo de grandes comunidades en el Internet en **www.cherylrichardson.com** y **www.facebook.com/cherylrichardson**, dedicadas a ayudar a las personas alrededor del mundo a mejorar su calidad de vida.

Esperamos que haya disfrutado este libro de Hay House.
Si desea recibir nuestro catálogo en línea, donde ofrecemos
información adicional sobre los libros y productos de
Hay House, o si desea obtener mayor información sobre
Hay Foundation, por favor, contacte:

Hay House, Inc.
P.O. Box 5100
Carlsbad, CA 92018-5100

(760) 431-7695 o (800) 654-5126
(760) 431-6948 (fax) o (800) 650-5115 (fax)

www.hayhouse.com®

Dele unas vacaciones a su alma

Visite **www.HealYourLife.com®** para centrarse,
recargarse y reconectarse con su propia magnificencia.

En esta página se destacan boletines electrónicos,
noticias sobre la conexión entre la mente, el cuerpo y el espíritu,
y la sabiduría transformadora de Louise Hay y sus amigos.

¡Visite **www.HealYourLife.com** hoy mismo!